中小学创客教育课程特色开发研究

黄映玲　黄　丹　谢泽琛　著

湘潭大学出版社
XIANGTAN UNIVERSITY PRESS

前言/FOREWORD

习近平总书记在全国教育大会上明确指出“培养什么人，是教育的首要问题”。创客教育是创客文化与教育的结合，其核心要素在于通过动手实践，倡导造物，鼓励分享，培养人的创新思维和创新技能。创客课程是创客教育落实的核心所在，也是决定创客教育成败的关键。教师是创客教育最重要的践行者，创客教育如何落地学校，课程是关键要素。

与众多面向学生的读物相比，面向一线教师的创客课程设计与开发书籍寥寥无几。目前很多学校因为自身开发能力受限，在开展创客课程时，大部分是中小学教师根据自身的特长与经验设计教学案例或者借鉴外来案例，缺乏科学论证。本书比较系统论述构建创客课程的理论依据和如何建构创客课程，形成有一定特色的创客教育课程开发模式，供一线教师借鉴。

本书内容包括理论和实践两部分：理论部分对国内外创客文化、创客教育的发展、创客课程的现状和创客课程的生态体系建构进行了深入的研究和分析，在继承传统的基础上，充分吸收了最新的研究成果与理论。在此基础上，探索一种本土化、校本化创客课程的构建生态，为设计有效的、有意义的创客课程提供了一个可供借鉴的清晰流程，为有意开展创客教学活动的一线教师提供了务实的理念和建议。实践部分分享了多个一线教师经过教学实践检验的案例，引领教师知道如何结合生活中的实际问题构建创客课程，引领同学们如何将好的创意或想法，通过创客活动创作出实体作品，实现所设想的功能。

本书既能让教师提升对创客课程的认识，了解创客课程的现状和创客课程的生态体系建构，又能提供实践指导，从现实需求和身边问题出发，为教师和学校打开了审视创客教育的全新视角，在自己的课堂中激发原创意识，重新构建课堂资源，开展创客实践活动，培养学生的创造力和发散思维。

理论部分第一章由陈丽霞撰写；第二章由黄映玲撰写；第三章由韦宁彬撰写；第四章由谢泽琛撰写；第五章由黄丹撰写；实践部分案例创客类校本课程的开发由陈剑锋等人提供；案例救援夹子由黄金丰提供；案例神笔马良由姚敏玲提供；案例智能手机红外

线温度测量仪由黄海平提供；案例校园停车系统设计、校园共享篮球机系统设计由周泽莹提供；案例智能送药小车由李敏纯、吴佳铉提供；智能防止儿童意外伤害系统由朱茵霓、郭奕颖、方展青提供。全书由黄映玲整理统稿完成。

本书作为广东省重点学科科研项目“区域特色中小学创客教育课程开发与实践路径研究”（项目编号 2019-GDXK-0034）和韩山师范学院校级科研项目（项目编号 XS202011）成果。本书出版受到科研项目“区域特色中小学创客教育课程开发与实践路径研究”的经费资助。

在撰写本书的过程中，得到许多一线教师的帮助，提供了大量的实践案例，在此表示衷心地感谢！并衷心期待本书能帮助读者在学习、生活以及工作实践中获得满意的学习体验。同时，感谢湘潭大学出版社领导与编辑为本书的出版提供的支持与帮助。

由于水平有限，本书还存在一些不足之处，恳请前辈、同行以及广大读者进行斧正，以便改进和提高。

目录/CONTENTS

理论篇

实践篇

理论篇

LILUNPIAN

第一章 概述

第一节 创客发展综述

一、创客及创客文化

（一）什么是“创客文化”

创客文化是科技进步与时代发展的产物。2001 年，麻省理工学院比特和原子研究中心成立了第一家 Fab Lab，即微观装配实验室（Fabrication Laboratory），Fab Lab 以个人创意、个人设计、个人制作为核心理念，旨在构建以用户为中心，融合设计、制作、装配、调试、分析以及文档管理的全流程创新制作环境。随着 Fab Lab 网络的扩散，创新的主体从科研技术人员扩展到普罗大众，“创客文化”逐渐兴起。

Mc Call 将“创客文化”定义为：致力于个人制造的专业人士与爱好者形成社群并不断壮大的景象；对于其制作的作品，可以是技术装置、开源硬件或软件、时装、家庭装饰，乃至任何可用于现实生活中的作品。[①]“创客文化”的使命在于使更多的人参与到创新当中来，并把新的技术带到人们的日常生活中去。

美国是“创客文化”最为兴盛的地方。2014 年 6 月，奥巴马在白宫举办了第一届“创客嘉年华”活动，同时宣布了一系列支持“创客文化”发展的措施。在我国，继 2010 年上海成立中国首家创客空间“新车间”后，“创客文化”也相继在深圳、北京等地开始生根发芽，到目前为止，已形成北京、上海、深圳三大“创客圈”。深圳更是因为创新创业氛围浓厚，产业配套完善，被誉为“全球创客之都”。开源与分享是“创客文化”的核心价值观，大部分创客都乐意分享他们的技术成果，并鼓励其他人在现有成果的基础上进行创新。

2015 年 3 月，国务院先后出台《关于发展众创空间推进大众创新创业的指导意见》和支

① 温雯．“创客文化”的历史图景与未来路径 [J]. 福建论坛：人文社会科学版，2015（8）：55-61.

持高校、科研院所专业技术人员在职和离岗创业的政策，极大地激发了“大众创业、万众创新”的热潮。

（二）“创客文化”的主体——“创客”

“创客文化”的主体是“创客”，“创客”一词来源于英文单词“Maker”，是指出于兴趣与爱好，努力把各种创意转变为现实的人。对于“创客”的定义，众说纷纭。《创客：新工业革命》的作者克里斯·安德森对“创客”的定义是：“创客是一群以创新为基本追求，通过借助各种数字化、智能化和开源化工具努力把各种创意转变为现实的人。”① 杨现民，李冀红在《创客教育的价值潜能及其争议》一文中指出：“创客既是一群喜欢或享受创新的人，又是一种文化，一种态度，一种学习方式。”而徐大湧在《创客更是一种时代精神》一文中指出：“创客体现的是一种理性思维，把分享和传播知识作为每个人应尽的义务，并作为一种乐趣，铸就一种良好持久的人格和习惯，鼓励创新各种分享盈利模式，在分享的同时，保护首创者的利益和积极性。”而有人认为，“创客”是指所有可以把具备相当技术挑战的创意转变为现实的人。李克强总理就可以被认为是一个制度和精神领域的“创客”，他在实践中一手“打造”创业创新的社会氛围，一手“切割”多余低效的行政管束。② 从这个意义上讲，只要具备一定的知识基础和创新、实践、共享、交流意识和能力的人，就可以被称为广义的“创客”。与追求根本性创新的“发明者”相比较，“创客”更多的是改造和推广已存在的技术或是寻找新的应用，“创客”更可能引发增量创新。

（三）“创客文化”的载体——“创客空间”

“创客文化”的发展离不开“创客空间”，它为创客活动提供了物理空间和硬件平台，是学生活动的基地，更是学生动手探究的特殊场所。作为创客活动的载体，创客空间被视为是人们能够聚集在一起，通过分享知识与创意，并以共同工作来创造新事物的实体实验室。③ “创客空间”也被称为 Hackerspaces 或 Fab labs，据 hackerspaces.org 网站统计，全球已有近 1 200 家创客空间正在运营，并且数量还在不断增加。④ 它们分布在 120 多个国家，500 多个地区，通过一个松散网络相互连接，形成了“创客空间”网络。⑤ 比如，国外知名创客空间有美国

① 克里斯·安德森．创客：新工业革命 [M]. 北京：中信出版社，2012.

② 李克强．创造一个让人时时感到方便的政府 [EB/OL].（2015-03-10）[2023-05-10].http://www.sznews.com/news/content/2015-03/10/content_11284197.htm.

③ 徐思彦，李正风．公众参与创新的社会网络：创客运动与创客空间 [J]. 科学学研究，2014（12）：1789-1795.

④ 温雯．“创客文化”的历史图景与未来路径，福建论坛·人文社会科学版 [J].2015（8）：55-61.

⑤ List of Hacker Spaces[DB/OL]. https://wiki.hackerspaces.org/List_of_Hacker_Spaces，2015-05-30.

Artisan's Asylum、Tech Shop，德国 Chaos Computer Club，英国 Access Space 等，国内知名创客空间有深圳柴火创客空间、北京创客空间、清华大学创客空间、温州中学创客空间等。2015 年，李克强总理新年到访深圳的其中一站就是柴火创客空间，他在参观的时候提出："要构建面向人人的众创空间，激发亿万群众的创造活力。"① "创客空间" 既可以为创意者提供各种数字化制造工具和服务，还可以成为他们展示创意、分享不同 "创客文化" 的舞台。2015 年新媒体联盟地平线报告（高等教育版）中，"创客空间" 入选未来 2—3 年内加快高等教育领域技术应用的关键技术之一。②

"创客文化" 是创新、创业的根基和土壤，其发展需要大量的创新人才，大力推动 "创客教育"，是促进 "创客文化" 发展的重要途径之一。

二、创客教育

（一）什么是创客教育

当创客运动广泛开展之时，随着一大批具有创意的产品不断涌现，创新性人才对于社会发展的价值和作用不言自明，教育系统内积极响应开展创客教育以培养创造性人才。当创客运动与教育产生 "碰撞"，创客运动所强调的 "动手、合作、分享、创意" 等理念慢慢地改变着传统教育的理念、组织、模式与方法，创客教育应运而生。对于 "创客教育"（Maker Education）的兴起，学术界则普遍认为与 2009 年 11 月美国总统奥巴马在教育创新（Educate to Innovate）大会上的发言有直接关系。奥巴马在这次大会上呼吁 "每个学生都应成为创造者"。随后，美国白宫立即启动了 "创客教育计划"（Maker Education Initiative 简称 MEI）。该计划旨在通过推动创客空间建设以及发展各种创客项目激发青少年的兴趣、信心和创造力，让每个青少年都成为创客。

学界对于创客教育没有明确定义，在梁森山主编的《中国创客教育蓝皮书（基础教育版）》一书中，把创客教育定义为："创客教育是创客文化与教育的结合，基于学生兴趣，以项目学习的方式，使用数字化工具，倡导造物，鼓励分享，培养跨学科解决问题的能力、团队协作能力和创新能力的一种素质教育。"③ 祝智庭等认为创客教育以培养学生的创新意识、创新思维、创新能力和动手解决实际问题为目标，继承了项目教学法、做中学、探究学习等以学生为中

① 李克强．构建面向人人的"众创空间"激发亿万群众创造活力 [EB/OL].（2015-01-30）[2023-05-10]. http://scitech.people.com.cn/n/2015/0130/c1007-26478134.html.

② ［美］NMC 地平线项目组．新媒体联盟 2015 地平线报告（高等教育版）[J]. 现代远程教育研究，2015（2）：3-22.

③ 梁森山主编．中国创客教育蓝皮书（基础教育版）[M]. 北京：人民邮电出版社，2016.

心的教学思想，开拓了创新教育的实践场。[①] 黄荣怀等认为创客教育具有促进知识学习、实践能力和创造力培养的潜在可能性。[②] 何克抗认为创客教育强调“基于创造的学习”“基于任务驱动”“注重协作、交流与共享”，目的是要把青少年培养成具有创新意识、创新思维和创新能力的创新人才。[③] 由此可以看出，不同学者对创客教育的表述虽然有不同，但是对于其目的的认识却较为一致，即培养具有创新意识、创新思维和创新能力的创新人才。

创客教育能否真正成为推动创新人才培养模式改革的重要途径和教育体制改革与发展的重要助推器，关键的一环在于学校内部能否酝酿出一种浓厚的创客文化氛围。[④]

（二）创客教育的现状

创客教育是实现创新能力提升和创新人才培养的有效途径。国内外早期的创客教育，大多数由卓越教师自主探索，如国内浙江温州中学、北京景山中学的实践，美国维尼亚地区高中的创客教育实践等。[⑤] 2014 年，资深创客 Libby Falck 指出创客教育将是开启第三次工业革命的“金钥匙”。[⑥] 同一年，美国白宫首次举办“创客嘉年华”活动，总统奥巴马宣布了由白宫主导的推动创客教育的整体措施，最终将创客教育视为一种“美国大众文艺复兴”。2015 年 5 月 18 日，由 14 个省区市 35 所中小学组成的中国青少年创客教育 M35 联盟在温州市实验中学宣告成立，国内的创客教育实践开始迈入有组织的全面探索阶段。2016 年 9 月发布的《中国学生发展核心素养》中明确指出学生应“具有创客意识，能将创新理念生活化、实践化”。2017 年，我国《中小学综合实践活动课程指导纲要》中明确指出了走进单片机、基于激光切割的创意设计、3D 打印技术等创客主题。《教育信息化 2.0 行动计划》指出，要在教育信息化 2.0 时代，有效培养青少年的核心素养，实施中国特色创客教育体系。[⑦] 2023 年 1 月 28 日，广东省教育厅关于印发《广东省中小学创客教育空间建设指南》的通知正式发布，该文件强调要充分认识创客教育的重要意义，加强创客空间建设，积极开展创客教育实践活动，培养中小学生创新精神和实践能力，推进基础教育高质量发展。

① 梁森山主编 . 中国创客教育蓝皮书（基础教育版）[M]. 北京：人民邮电出版社，2016.

② 黄荣怀，刘晓琳. 创客教育与学生创新能力培养 [J]. 现代教育技术，2016（4）：12-19.

③ 何克抗 论创客教育与创新教育 [J]. 教育研究，2016（4）：12-24.

④ 杨刚. 创客教育：我国创新教育发展的新路径 [J]. 中国电化教育，2016（3）：8-13.

⑤ 祝智庭，孙妍妍 . 创客教育：信息技术使能的创新教育实践场 [J]. 中国电化教育，2015（1）：14-21.

⑥ Libby Falck.Beyond the maker movement：How the change makers are the future of education[EB/OL].（2015-05-23）[2023-05-10].http://www.forbes.com/sites/singularity/2014/07/29/beyond-the-maker-movement-how-the-changemakers-are-the-future-of-education/.

⑦ 杜涛，张哲 . 创客课程助推创客教育发展 [J]. 新课程导学，2020（11）：85-86.

（三）创客教育的特点

创客教育具有综合性、体验性、协作性、创造性等诸多特征，有利于培养学生的观察力、想象力、动手能力、自学能力以及创新能力。在实施过程中，应着重强调以下三个要点：

1. 综合性

创客教育体现了教育理念、教学内容与学习方法的全方位更新，除了培养学生的专业知识及专业能力之外，在实施过程中还涉及人际沟通、团队协作、批判性思维、创新意识及创新能力等在内的全方位能力与素质的培养，具有较强的综合性特征。这种综合育人的特征既符合学生个体发展的需要，又符合未来社会对人才提出的要求，直接凸显创客教育的核心价值。①

2. 体验性

创客教育主张“做中学”，强调在知识学习过程中，有机融合“知行合一”的教育理念，着重培养学生的创新意识及创新精神。陶行知先生说过：“中国教育之通病是教用脑的人不用手，不教用手的人用脑，所以一无所能。”② 美国学习科学专家索耶认为“创造的源头不是意念，而是人的行动，即人的实践活动是产生创造力的源泉”。③ 创客教育主要采用任务驱动法和项目学习法，主张让学生围绕真实的创客项目开展协作，发现问题，分析问题，解决问题，最终实现作品的创作。由于创作过程融合了多学科的知识和技能，因此，在创作的过程中，学生可以实现对知识和技能的体验、内化与巩固，最终实现“手脑双全”。④ 其学习内容不再是固化的书本知识，学生完成任务所需掌握的知识和技能均隐藏在一个个精心设计的创客项目之中，学习的过程就是学生完成创客项目的过程。

3. 协作性

在创客教育过程中，核心是学生，他们不再是被动的知识接收者，而是创客学习项目的探究者和实践者，而创客教育中的教师也不再是机械的知识传授者，而是充当着创客项目的设计者、指导者、组织者和协调者的角色，师生通过协作开展创客教育活动，完成创客教育项目。克里斯·安德森多次强调“创客运动是一种全新的开放式创新模式，不是简单的 DIY（Do It Yourself，亲自动手做），而是 DIT（Do It Together，一起来做）”。⑤ 这就意味着，创客教育

① 杨刚．创客教育：我国创新教育发展的新路径 [J]. 中国电化教育，2016（3）：8–13.

② 陶行知．陶行知教育箴言 [M]. 哈尔滨：哈尔滨出版社，2011.

③［美］巴格托，考夫曼．陈菲，周晔晗，李娴译．培养学生的创造力 [M]. 上海：华东师范大学出版社，2013.

④ 陶行知．中国教育的觉醒 [M]. 北京：群言出版社，2013.

⑤ 邓纯雅．克里斯·安德森 中国制造将属于“中国创客”[J]. 中外管理，2015（1）：34–36.

要想得到发展，就得突破传统教育相互隔离的形式与封闭的状态，由不同人群、机构共同参与进来，实现资源共享、文化相融。

4. 创造性

在创客教育中，只有通过智能硬件制作以及软件编程等内容的学习，激发学生的潜能，逐步引导学生学会创造性地解决实际问题，培养创新性思维与能力，才能让创客教育成为“有源之水”，让创客教育真正成为创新人才培养的重要途径。①

创客教育中的项目常常需要调用不同学科的知识与技能，传统单一的课程教学模式均无法单独满足创客教育的需要，于是迫切需要探索课程的融合之道。

第二节　创客课程概述

随着创客教育的深入开展，美国针对创客课程的研究也愈加全面，从 K–12 阶段至高等教育阶段均有涉及。K–12 阶段创客课程的核心思想是创造、技术与全面发展，期望让学生能够通过借助技术工具与资源，全身心投入创新创造的学习中去，以提升其批判性思维、创新思维和问题解决能力。各大高校对创客课程的研究也愈加深入，有的将创客教育有意识地整合于传统课程之中，有的开设专门的创客课程，比如卡内基梅隆大学推出了 8 个交叉学科辅修创客课程项目，麻省理工学院开设了计算机控制切割和机械、3D 打印与扫描、建模铸造、程序设计等创客课程。我国对创客课程的研究起步较晚，继李克强总理 2014 年提出“大众创业、万众创新”之后，2015 年我国开始了对创客课程的研究，并逐渐取得了相应的成果。如温州中学开发了 Scratch、Arduino、机器人等创客课程，深圳坪山高级中学创设的坪高火柴 · 创客空间，开设了三维设计及 3D 打印、乐高教育及创新设计等创客课程。②

一、什么是创客课程

创客课程是创客教育生态系统中的关键组成要素，是让创客教育理念落地生根的最佳途径。创客课程旨在实现信息技术在教育活动中的有效应用，使学生在学习知识的同时，将所

① 杨刚．创客教育：我国创新教育发展的新路径 [J]. 中国电化教育，2016（3）：8–13.

② 杨馨宇 . 基于 STEAM 理念的创客课程的开发与实践研究 [D]. 南充：西华师范大学，2022.

学知识与生活实践联系起来，开展基于创造的学习，形成良好的学习能力、信息素养，为学生的全面发展与成长提供保障。①

对创客课程的理解主要有两种典型的观点：一是要素观，即从课程所含要素出发解释创客课程，如管雪沨（2015）认为创客课程是学校开展创客教育活动的目标、内容、方式及评价等的总称。孙剑锋在《“创课”·“创客”》一文中首次提出，他认为创课的思想是将创新的教学想法转化成教学现实，是包含创想法、创教材、创设计、创教学和创发表的综合创新工程。②二是形态观，即从课程的表现形态对创客课程进行界定。杨现民教授认为，创课是一种有别于传统学科，基于创客教育所提出的新型课程，有广义和狭义之分，广义的创客课程是指以培养学生创客素养为导向的各类课程，包括电子和艺术创意课程；狭义的创客课程是指以智能化信息技术应用为主的电子创意类课程，其突出特点是科技含量较高。③

总而言之，创客课程不是一门课程，而是由低阶到高阶的一系列课程组合。入门级课程可以侧重电子、机械、材料、计算机等基础学科知识的讲授与操作技能训练；中级课程可以侧重3D建模、制造、电路装配、电子切割、高级编程等较复杂的技能训练；高级课程则可以进行综合性的创新实战，围绕某个现实项目和问题，让学生以团队形式协同创造新方案和新产品。④

二、创客课程的核心目标

创客课程遵循青少年身心发展规律，通过“项目式学习”与“动手实践”相结合的方式，帮助学生在创造活动的体验过程中，提升自身创新素养。其核心目标是培养学生在问题解决和创造过程中所需要的关键能力，重点表现在问题解决能力、分享协作能力、创新能力三个方面。

（一）问题解决能力

问题解决能力是指学生在创意实现过程中所需具备的作品设计与优化、实践造物等技能和方法。

① 张建平 . STEAM 教育理念下初中创客课程研究 [J]. 试题与研究，2022（3）：111-113.

② 孙建锋 . 有一种课叫“创课”[N]. 中国教师报，2015-11-18（6）.

③ 杨现民 . 建设创客课程：“创课”的内涵、特征及设计框架 [J]. 远程教育杂志，2016，35（3）：3-14.

④ 创客教育课程都包含哪些课程，有什么特色？[EB/OL].（2017-12-28）[2023-05-10]. https://www.sohu.com/a/213261223_779108.

（二）分享协作能力

分享协作能力是指学生在创意实现过程中利用实践场所以及网络社区与他人合作交流、协同的能力，包括交流与协作、经验分享、作品共享等。

（三）创新能力

创新能力主要包括学生的创新意识、创新思维、创新行动、创新行为等。创客课程作为学校实施创客教育的重要载体，其明显区别于学科课程或活动课程之处在于“创新性”。换言之，创客课程的核心价值并不在于向学生传授知识或技能，而是更多地关注学生个人创新意识与创新思维的培养。

由于创客文化强调“做中学”或“基于创造的学习”，正如《Make:》杂志及 Maker Faire 活动的创办人戴尔 · 多尔蒂（Dale Dougherty）所述：“创客教育是经验学习，主要是传授如何做某件事的经验，学习创造的过程，让他们能做出越来越复杂的发明创造。”这就意味着创客课程其价值核心在于创新实践性，因其“动手”“动脑”“动心”三者融合的优势，迅速成为培养学生创新能力的重要形态。

三、创客课程的特点

创客课程作为创客教育在学校中开展的重要载体，是保证创客教育快速发展的支撑，也是助推学校教育变革的动力。其核心理念是培养学生的创新思维和创新能力，主要具有以下特点：

（一）综合性

创客课程的重点不在于习得孤立的、碎片化的、僵化的、垄断的知识，而在于建构通用的、综合的、灵活度高的、分享的知识。① 所以，其教学内容不再局限于传统单一学科的教学内容，而是可以把语文、数学、物理、化学、生物等传统学科的知识融入同一个课程活动中去，促进学科知识之间的融会贯通，具有明显的综合性特征。

（二）生活性

中小学创客教育是一种回归生活的教育，是一种指向“创造”的教育，是直面生存、表达智慧的综合教育。因此，创客课程的实践项目来源于现实生活，基于真实的问题情境，通过教师的设计、指导和协调，促使学生解决生活中的实际问题，或者设计出贴近现实生活的

① 田中义隆 . 21 世纪型能力与各国的教育实践 [M]. 东京：明石书店，2015.

实用型作品。具有熟悉生活特征的实践项目有利于调动学生的学习兴趣，激发他们的创新动力，有助于促进学生创新思维和创新能力的发展。

（三）研创性

卢梭提出，要提供问题给学生使其自己解决；不要教学生任何事情，他自己就能学习；不需要教学生科学，让他自己发现。[①]“互联网 +”时代的学生，将从“知识的接收者”转变为“知识的创造者”。创客课程就是为了彻底改变传统课程存在的过度传授、形式固化、单调无趣的现状，给学生创造更多自由探索的空间，激发学生内在的创造潜能。“学 – 研 – 创”的学习模式可以让每个学生充当学习者的同时，成为研究者和创造者。研创性可以说是创客课程最核心的特征。

（四）协同性

创客课程的探究活动是基于现实问题设计出来的，其实施过程不是单独一个人完成的，而是由学生结合兴趣及自身能力组成项目小组，在指导教师团队的集体指导下共同开展协作探究。在创客课程中，教师的角色应该是创客项目的设计者、学生学习的指导者、调控者以及合作者，师生协同研究，共同完成项目。

（五）分享性

“分享”是“创客文化”的核心价值观，当前的学生普遍被认为是自私的一代，创客课程要传递一种“乐于分享、善于分享”的精神，让学生乐于与同伴分享自己的想法、学习资源及学习成果等，充分体会分享的快乐和成就感，同时也有助于创客项目的顺利完成。

四、创客课程的类型

（一）按课程主题分类

课程内容是课程设计的核心要素。传统的学校课程内容主要以学科为中心、以分科课程呈现，而创客课程超越了单一学科知识界限，在内容和形式上表现出多元性特征，其组织结构主要以整合方式呈现。创客课程作为跨学科的整合课程，其内容设计的核心就是主题（项目）的设计，从课程主题来看，可以将创客课程分为四大类。[②]如图 1.1 所示。

① 郝德永．课程研制方法论 [M]. 北京：教育科学出版社，2000.

② 张文兰，刘斌，夏小刚，等．课程论视域下的创客课程设计：构成要素与实践案例 [J]. 现代远程教育研究，2017（3）：76–85.

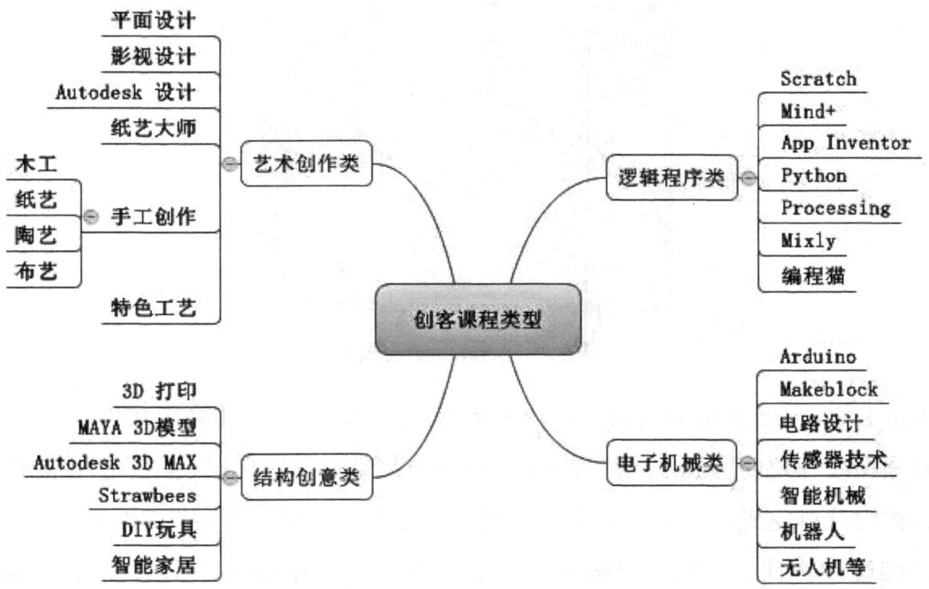

图 1.1　创客课程类型

1. **逻辑程序类**

逻辑程序类创客主要涉及图形化编程语言以及软硬件联合编程工具的使用及设计，如Scratch、App Inventor、Mind+ 等。图形化编程是将抽象的代码转化成形象的积木块，以图形化的形式进行编程。相比传统的代码编程，图形化编程更加简单、易读，学习者容易上手进行学习。基于图形化编程软件，培养学生编程能力及学习电子基础知识，启发学生创新创造，实现作品创意。图形化编程可以用于培养和提升学生的创新思维、计算思维和编程思维，帮助学生快速掌握科学世界的底层逻辑，从而更好地应对、解决未来人生的各种问题。当然，图形化编程不是只有积木式的编程方式，也支持写代码的编程方式。

（1）Scratch。Scratch 是麻省理工学院在 2007 年发布的一种图形化编程软件，如图 1.2 所示，面向对象为 6 岁以上孩子，界面友好。构成程序的命令和参数通过积木形状的模块来实现，用鼠标拖动模块到程序编辑栏就可以了，寓教于乐，支持开发电脑游戏、互动故事、图形艺术作品、电脑动画等多媒体作品，深受师生的喜欢。Scratch 本质上不是教孩子学会某种编程语言，而是告诉孩子利用类似程序的逻辑关系，使之获得独立解决问题的能力和逻辑思维能力。在科学实验、数学建模、仿真模拟、艺术表达、创意设计等方面都具有很好的教学潜力。Scratch 教学平台适用于小学或者开展创客教育起步阶段的初中。

图 1.2　Scratch 编程软件

（2）App Inventor。App Inventor 是一款谷歌公司开发的手机编程软件，如图 1.3 所示。它是一个完全在线开发的 Android 编程环境，它没有复杂的程序代码，而是使用搭积木的方式，通常在几分钟内就可完成一个简单的作品。通过 App Inventor，把复杂的编程思想形象化，通过积木块的编程和将计算思维无缝融入一个个有趣的 App Inventor 小项目，初学者能够轻松学习 Android 手机应用的开发，促使学生能理解计算思维的真正内涵和体会到学习编程的乐趣，培养学生的创新能力和使用计算机解决实际问题的能力，适用于不同学段的学生。

图 1.3　App Inventor 编程软件

（3）Mind+。Mind+（Mindplus）诞生于 2013 年，是一款拥有自主知识产权的国产青少年编程软件，如图 1.4 所示，集成各种主流主控板及上百种开源硬件，支持人工智能 (AI) 与物联网 (IoT) 功能，既可以拖动图形化积木编程，又可以使用 Python/C/C++ 等高级编程语言。该软件由 DFRobot 旗下子品牌蘑菇云创客教育发布，面向对象为青少年。用户只需要拖动图形化程序块即可完成编程，还可以自动转换 Python/C/C++ 等高级编程语言，适用于校内的大班教学、项目创作、创客比赛等场景，同时能满足学生校外进行创意编程与项目创造的需求。目前中小学中，Mind+ 逐渐取代 Scratch 成为主要的图形化编程教学软件。

图 1.4　Mind+ 编程软件

（4）编程猫。编程猫是深圳点猫科技有限公司自主研发的一款图形化编程工具平台，如图 1.5 所示，编程猫的面向对象为 7—16 岁青少年，专注研发适合中国儿童的编程教学体系，以“工具 + 内容 + 服务”产品形态培养孩子的逻辑思维、计算思维和创造性思维，提升综合学习能力。

图 1.5　编程猫

（5）Processing。Processing 诞生于麻省理工学院 Media Lab 媒体实验室可视化编程软件，用来生成图片、动画和交互软件的编程语言，把视觉形式、动画、交互与软件中的概念关联在一起，将计算机编程和艺术创作完美结合，将代码转换成千变万化的图像。艺术家、设计师以及研究人员可以用 Processing 来设计原型和产品，比较适合高年级的学生。

Processing 除了优秀的图形绘制能力，还具有跨平台的特点，能与 Kinect 以及 Arduino 这类主板及互动输入设备进行衔接，是各类交互、装置艺术及媒体艺术设计广泛使用的工具。

（6）Python。Python 是 20 世纪 90 年代初期荷兰数学和计算机科学研究者吉多·范罗苏姆设计的，由于 Python 语言具有简洁性、易读性以及可扩展性，因此，Python 语言及其众多的扩展库所构成的开发环境十分适合工程技术、科研人员处理实验数据、制作图表，甚至开发科学计算应用程序。

（7）Mixly。Mixly 是一款由北京师范大学教育学部创客教育实验室傅骞教授团队基于 Google 的 Blockly 图形化编程框架开发的免费开源的图形化 Arduino 编程软件，如图 1.6 所示，Mixly 是一款面向初学者、硬件编程爱好者的图形化编程工具。它完美地支持了 Arduino、

MicroPython、Python 等语言的图形化编程，并提供了图形化界面和代码界面对比显示的功能。Mixly 还支持自定义第三方扩展库，可以拓展出丰富的功能。

图 1.6 Mixly

2. 电子机械类

通过电子电路设计、控制系统、传感器技术、机械组合以及人工智能等方面完成特定功能。如机器人、树莓派、Arduino 学习套件、乐高等。

（1）Arduino 学习套件。Arduino 学习套件包含硬件和软件，能通过各种各样的传感器来感知环境，通过控制灯光、马达和其他的装置来反馈、影响环境。主要包括：Arduino 编程软件、Arduino 实验箱、Arduino 桌面机器人、乐动模块套件以及基础教具等，学生借助 Arduino 编程软件和套件来完成自己的创意作品。

（2）创意机器人。机器人教育大多数以塑料积木和金属结构件为主（主流品牌乐高，能力风暴，中鸣，鲸鱼，优必选，Makeblock，Weeemake 等），通过编程结合主控和传感器进行拼装，再通过编程 DIY 各种智能化机器人。

（3）电路设计。通过让学生认识能发光的二极管、能存储电能的电容、能发声的蜂鸣器等有趣的电子元器件；学习电源、开关、用电器、导线、电阻、电容等基础电路模块，了解电路的基本原理、学习绘制电路图，从而完成自己的创意电路制作。

3. 结构创意类

借助一定的工具如小型车床、激光切割、3D 打印、玩具制作等，按照一定的构思与创意对物质材料进行加工改造，从而实现物质的创意设计与实现。

小型车床、激光切割、热熔胶枪、电烙铁等工具，利用瓦楞纸、椴木板、亚克力板、KT 板等作为原材料进行基于结构件的创意搭建制作。

利用 3D 编程软件或建模软件配合 3D 打印将学生的奇思妙想变为现实。常用的 3D 设计软件有 3D One、Maya、纸艺大师等。

（1）3D One。3D One 是中望公司依托自主三维 CAD 核心技术，专门针对 8—18 岁青少年研发的创新教育三维创意设计软件。3D One 提供简易的 3D 设计功能，让创意轻松实现。3D One 软件界面简洁、功能强大、易于上手，能够简单、轻松、快捷地表达创意想法，能让没有任何基础的学生，在短短学习几个小时后即可用搭积木的堆砌、简单的拖拉操作方式，绘出自己的 3D 作品，并直接输出到 3D 打印机打印。

（2）Autodesk 3D MAX。3D Studio Max，常简称为 3D MAX 或 3ds Max，是 Discreet 公司开发的（后被 Autodesk 公司合并）基于 PC 系统的 3D 建模渲染和制作软件。3D MAX 广泛应用于广告、影视、工业设计、建筑设计、三维动画、多媒体制作、游戏以及工程可视化等领域。3D MAX 操作难度高，入门难度比 3D One 要高很多。

（3）Autodesk Maya。Maya 软件是 Autodesk 旗下的著名三维建模和动画软件。Maya 为动画师提供了许多功能强大的建模工具，用于创建逼真的角色和大片水准的特效。相对 3D MAX，Maya 更灵活，功能强大，入门难度同样比 3D One 要高很多。

（4）纸艺大师。Pepakura Designer（纸艺大师）是一款很独特的 3D 设计软件，软件本身不提供 3D 制作的功能，但可以导入各种 3D 模型文件，将 3D 模型文件自动制作成展开图 2D 图案并且可以加以编辑，方便制作成纸张模型，提高工作效率。

（5）Strawbees。Strawbees 吸管套装是一款来自瑞典的教学玩具，如图 1.7 所示，是一种设计巧妙的吸管连接件，它能够将吸管和连接件以不同角度、各种方式连接起来，帮助学生建构脑海中的想法。

图 1.7 Strawbees 吸管套装

学生在玩转 Strawbees 的过程中，通过吸管、连接件、电子构件以及纸板等材料，可以从一维到三维，构建形状、物体、模型、工具……以及任何他们能想到的创意作品。提升学生对于颜色、数量、空间、结构、机械原理的认知，还能充分释放他们的创造力。在不断地动手搭建、创造的过程中，逐步培养和提升他们的合作能力、数学能力和创造性思维。

4. 艺术创作类

艺术创作类的创客课程涵盖范围较广，既包含借助平面设计、Autodesk 设计等软件设计创作的海报、贺卡、电子相册等，也包含用影视编辑软件设计创作的微视频、广告、宣传视频等。除了依赖信息技术、人工智能等科技进行创客活动外，还可以取材生活化、对软硬件依赖程度较低的木工、布艺、陶艺、纸艺等各种手工 DIY 作品，强化学生的生活创新意识。还可以结合地方文化的特色工艺创作，增强区域文化创新传承。

（二）按学生发展要求分类

创客教育以培养“未来创客”为目标，是时代与社会发展的需求，也是教育工作者主动应对生产方式重大变革以及跨时代人才需求的行动表达，代表了教育与时俱进的发展方向。创客教育的一大历史使命就是在一定程度上担当起中小学生产业创新知识的启蒙者角色。创客教育课程是创客教育在中小学落地实施的基本载体，是创客技能、创客思维、创客精神在中小学学生成长中得以体现的基本保障，是在中小学校园中以创客载体培养创新人才的主要手段。但由于各年段学生在认知、情感、社会化发展以及手部肌肉发育等方面具有很大的水平程度差异，能应对的问题的复杂度、困难度也都有所不同，同时，创客教育课程是一个需要多种载体支持的综合课程，可选择的课程载体的类型样例见表 1.1，教师可以根据学校师资、生源、资源特点进行选择与课程设计。①

表 1.1　以学生发展要求选择创客课程载体

学生发展要求	适用阶段	课程载体
以观察改造、展现创意、形成作品为诉求，提升学生的逻辑思维能力和想象力	1—4 年级	可视化编程、编程语言、Autodesk 系列少儿软件、AR 互动工具； 乐高或其他拼装项目； 纸艺、布艺、陶艺、玩具等手工制作
以整合、创作、细节加工、精益制作为基本诉求，提升学生的发明创造能力	5—8 年级	Scratch 游戏设计软件、Autodesk 设计、App Inventor； Arduino 系列、机器人； 3D 打印与空间结构、3D 故事设计软件等； 激光雕刻、陶土制作、建筑工艺、纸雕、布雕、三维制作、小发明等

① 管雪沨．“互联网 +”背景下区域创客教育课程的建设与实施 [J]. 中小学信息技术教育，2015（6）：59-60.

续表

学生发展要求	适用阶段	课程载体
以探究、实现、发现问题、解决问题为基本诉求，提升学生的创造力、复杂问题解决能力和合作探究能力	9—12 年级	Scratch、Processing、App Inventor 等各种设计软件； Arduino 系列、机器人、传感器与物联网、智能化设备、智能家居，智能电器； 3D 打印与打印创新制作； 大型工具的使用与合作、三模制作、大型智能机械联合协作； 玩具、文具、礼品、生活用品的创新制作

创客课程是学校创客教育落地生根的重要载体，也是影响创客教育可持续发展的关键因素。创客课程的发展不仅受教师、学生、学校管理者等多主体要素的直接影响，还会受教育政策制度、社会支持保障及课程管理运作等诸多外部因素的间接影响。中小学学校创客课程总体呈现从“无”到“有”、从“有”到“优”的发展过程，也是一个从简单到复杂、从初级到高级、从同质到异质的发展过程，其发展进化具有情境性、长期性和复杂性，需要广大教育工作者，从整体、联系、动态发展的视角去探究学校创客课程的发展，探索一种本土化、校本化创客课程的构建生态，为设计有效的、有意义的创客课程提供一个可供借鉴的模式。

第二章 创客课程的研究现状

第一节 创客课程构建的必要性

一、时代所趋：信息化时代对复合创新型人才的渴求

科技水平的高低将会影响民族的兴衰，创新能力的强弱更是直接决定国家的命运。当今世界，虽然提高综合国际竞争力的关键在于科技创新，但必须要有足够的创新人才方能提供坚实的智力后盾。

创新是一个历久弥新的永恒话题，在这个以大数据、数字化、“互联网 +”为主要特征的信息化时代，创新又有了新的意义。进入 21 世纪后，在全球科技创新空前密集活跃的大背景下，我国虽然已经有一些科技在国际上处于领跑阶段，但仍受到“缺芯少魂”的制约，关键核心技术的创新力不足更容易被别人“技术性锁喉”。由此可见，创新型人才在我国十分紧缺，创新型人才的培养已经成为我国的人才强国的根本。

处于信息化时代的我们，无时无刻不切身体验到信息化进程改变了人们的认知方式、生活方式和思维模式，也改变了社会对于人才品质的诉求，我们已经进入了一个需要大量具有创新品质人才的时代。将“创新”作为经济、社会发展的“第一驱动”已成为当下的社会共识、国家共识和世界共识。为了应对信息化、数字化时代的挑战，我国不断地将创新作为重点词汇写进政策性文件中。在 2015 年政府工作报告中，李克强总理提出“大众创业、万众创新”，将创新创业置于时代发展的突出位置。此后，国务院印发的《关于大力推进大众创业万众创新若干政策措施的意见》再一次提出，要完善创新创业发展条件，健全创业人才培养与流动机制。同年，国务院正式印发《中国制造 2025》，该报告提出坚持“创新驱动、质量为先、绿色发展、结构优化、人才为本”的基本方针。全国范围内掀起了一阵创新创业的时代风潮。2016 年，中共中央印发的《关于深化人才发展体制机制改革的意见》中提到，要注重培养人才的创新意识

和能力，探索建立以创新创业为导向的人才培养机制，完善产学研用结合的协同育人模式。[①] 同年，国务院发布《国家创新驱动发展战略纲要》，认为“抓创新就是抓发展、谋创新就是谋未来，必须推动教育创新，改革人才培养模式，把科学精神、创新思维、创造能力和社会责任感的培养贯穿教育全过程”。[②] 为此，在当今时代背景和国家政策下，创设一个鼓励创新并以创新培养为主的教育环境十分迫切，培养创新型人才是教育的根本任务，学校是实施的首要阵地，而课程则是落地的重要抓手，开发创新型课程是教育工作者亟待解决的问题和肩负的巨大使命。

二、教育所思：创客教育是培养创新人才的新途径

教育作为培养人才的主要战场，对国家强弱的影响不可小觑。工业时代的教育重点在于传授知识与技能，培养标准化人才，以适应机器化大生产的社会需求。然而，在一个信息爆炸、以海量数据为特征的信息化时代背景下，创新性人才的培养已经成为教育不可回避的问题与所担负的巨大使命。

当新的挑战来临时，教育必须随着未来人才需求的变化而做出相应变革。为了培养适应未来社会的人才，世界各国和国际组织纷纷研究和规划未来人才的核心素养蓝图，美国的“21世纪技能框架”，欧盟的“终身学习核心素养”，新加坡的“21世纪学生技能与目标新框架”，都强调学生应该具备学习能力、生活能力、创新能力、合作交流能力等。对当前公认的核心素养进行提炼，可以发现21世纪信息时代人的核心素养是：协作能力（Communication）、沟通能力（Collaboration）、批判性思维（Criticalthinking）与创造性（Creativity）。如图2.1所示。

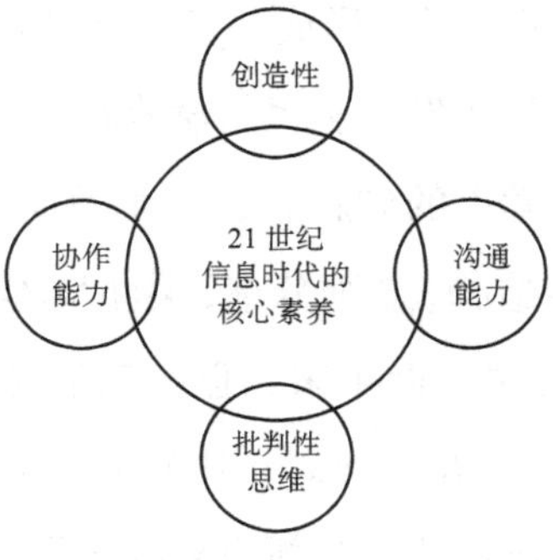

图2.1　21世纪信息时代人的核心素养

① 中共中央印发《关于深化人才发展体制机制改革的意见》[EB/OL].（2016-03-21）[2021-09-10]. http://www.gov.cn/zhengce/2016-03/21/content_5056113.htm.

② 中共中央、国务院印发《国家创新驱动发展战略纲要》[EB/OL]. [2021-09-10]. http://www.gov.cn/zhengce/2016-05/19/content_5074812.htm.

2016年中国学生发展核心素养研究提出了强调培养“全面发展的人”的核心素养模型，如图2.2所示，核心素养模型成为课程改革与育人模式变革的指导文件。

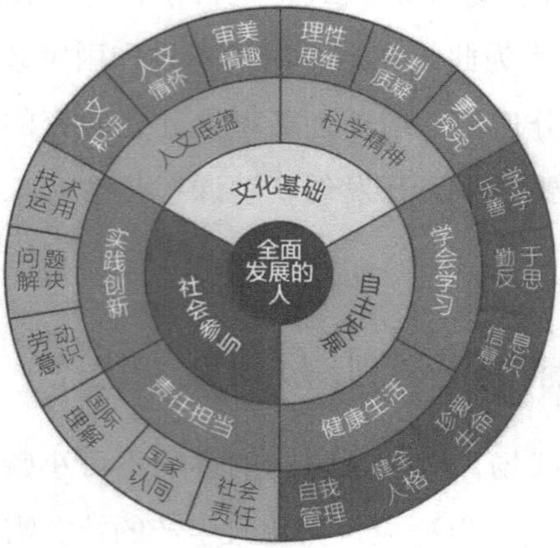

图2.2 中国学生发展核心素养模型

对核心素养各维度的分析中，国家督学褚宏启总结出最能代表核心素养的六个要素：创新能力、批判思维、公民素养、合作与交流能力、自我发展素养、信息素养。其中，创新能力是一种综合性、涵盖性很强的核心素养，是个人发展与国家发展，以及提升国际竞争力的最重要素养，是“核心素养的核心”，是核心素养宝塔顶尖上的明珠。因此，培养创新人才是中国教育的优先目标。围绕着创新型人才的培养，一个鼓励创新、激励创新的教育环境则成为人才培养的重点。为此，中共中央、国务院在2010年印发的《国家中长期教育改革和发展规划纲要（2010—2020年）》中明确将“改革创新”作为教育发展的强大动力，把“创新人才培养模式”作为重要实施举措，明确了“形成各类人才辈出、拔尖创新人才不断涌现的局面”的发展目标。2016年，国务院办公厅印发《全民科学素质行动计划纲要实施方案（2016—2020年）的通知》明确提出“增强中小学生的创新意识、学习能力和实践能力”。

创客教育强调“做中学”，倡导造物，鼓励分享，关注培养学生的创新思维和实践创造能力，为了培养适应社会需求的创新型人才，近年来，创客教育成为国内外教育领域研究与实践的热点。2016年的《教育信息化“十三五”规划》中特别强调，要“有效利用信息技术推进众创空间建设，积极探索STEAM与创客教育等新教育模式”。①

创客教育融项目学习、体验教育、创新教育等思想为一体，与当今课程改革所倡导的自主、

① 教育部．教育部关于印发《教育信息化“十三五”规划》的通知[EB/OL].（2016-06-22）[2021-09-10]. http://www.moe.gov.cn/srcsite/A16/s3342/201606/t20160622_269367.html.

合作、探究等学习方式不谋而合，创客教育所强调的创造性、问题解决能力、信息意识等方面的培养与核心素养对学习者的要求也不约而同，而要将创客教育这种理念落地生根，并真正促进课程改革与核心素养培养的重要中介是创客课程。创客课程与新课改的核心理念及其倡导的学习方式高度一致，都强调以学生为中心、注重对学生的创新意识、学习能力和实践能力培养。

当今我国经济转型进入了关键时期，教育改革也进入了深水区，从“大众创业、万众创新”的战略到“中国制造 2025”的纲领，时代对于创新的追求是不言自明的，而创客所包含的“创造、创新、开发、协作、自发、兴趣、探究”等核心精神，很好的契合了这种时代精神。而课程则是教育理念落地的坚实“抓手”，因此，将创客与教育结合催生出创客课程是新一代创新型人才培养的重要载体。加快创客教育的发展，营造良好的创客课程生态，有利于创新人才的培养，从长远来看，对于构建创新性社会生态系统有重要的现实意义。

三、现实所需：创客课程构建的相关研究还处在热点边缘

随着创客运动的影响不断扩大，国际与国内各学校与机构均开始着手创客教育的设计与实施，以推动创客运动的教育化进程。各省市在国家政策的推动下积极开展创客教育实践。2015 年，深圳市认定了 100 个创客实验室，组织成立创客教育基地联盟；2015 年 12 月，温州市教育局印发《关于加快推进中小学创客教育发展的指导意见》，全力推进创客空间建设，确保师资配备与培养，加强课程建设与分享，培育发展创客群体。2015 年 12 月，北京市教委主办“首届北京市中小学生创客秀活动”，2017 年 3 月，山东省教育厅印发《山东省学校创客空间建设指导意见》提出，全省所有学校都将建立学校创客空间。2017 年 4 月，上海市教委表示到 2020 年将实现创新实验室中小学校全面覆盖。此外，各协会、学会组织积极推动创客教育，如中央电教馆开展各类赛事活动与创客教师培训，中国教育学会主办创客大赛鼓励青少年创新。

创客教育作为教育信息化促进创新型人才培养的重要途径，不仅为当前基础教育改革创新注入了新活力，而且为继续深化创新教育提供了新的实践场，但创客教育的实践也面临着诸多挑战。国内大多地方误认为创客教育就是将新兴的前沿技术应用于教学，将创客教育变成了学校的科技秀场，硬件的配备往往先于软件的提升，实验室的建设已经基本在各地区得到普及，但创客课程资源稀缺、教学策略适用性不强、课程缺少整合性与衔接性等问题确实是当今创客教育开展过程中存在的重大障碍。由此，以课程视角探讨创客教育、研究课程开发、提供课程实施办法对中小学创客教育实施有着重要的意义。

为了解目前创客教育研究现状，以中国知网（CNKI）作为数据来源和检索工具，以主题检索的形式，不限时间进行“创客教育”检索，发表时间截至 2022 年 12 月 31 日，共检索出文献记录 6 124 篇。对文献进行总体趋势分析，可以分析创客教育领域历年文献的变化趋势，如图 2.3 所示，我国创客教育研究最早发表于 2013 年，由吴俊杰等撰写于 2013 年 4 月发表在《中小学信息技术教育》的《创客教育：开创教育新路》，正式开启创客教育的研究之路。2013 年—2018 年该领域的文献数量呈现快速递增的态势，2018 年则达到 1 164 篇，“大众创业、万众创新”的热潮以及培养创新型人才的国家战略促使创客教育研究热度进一步提升，相关研究达到高峰。2019 年—2022 年，创客教育的研究放缓，并逐渐下落，从 2019 年的 1 134 篇下降到 2022 年的 374 篇，说明经过时间的推移，我国的创客教育发展过程中普遍存在“不知该向何处”的焦虑，研究热度正逐步下降。

图 2.3　我国创客教育研究发文量变化趋势图

创客课程作为创客教育的实施载体，是在其教育理念指导下实现创客教育目标、形成创客文化、培养创客素养的三元目标的主要途径，对促进学生创新能力发展与全人教育理念的平稳落地具有重要意义。然而对文献进行梳理与分析发现，关于“创客教育”的文献的主要研究主题分布如图 2.4 所示，创客课程的研究仅排在第 11 位，占 2.02%。

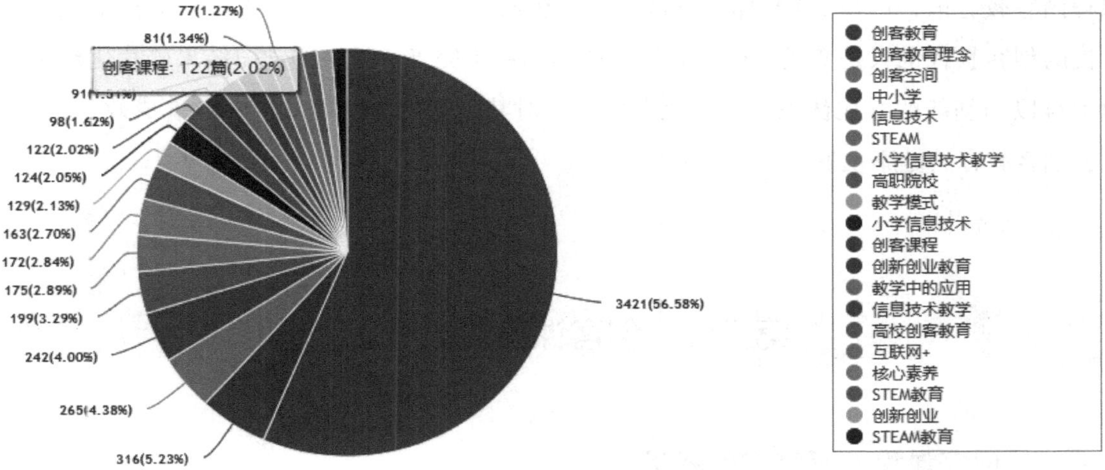

图 2.4　创客教育研究主要主题分布图

次要主题分布中创客课程研究排在 14 位，如图 2.5 所示，仅占 1.99%。

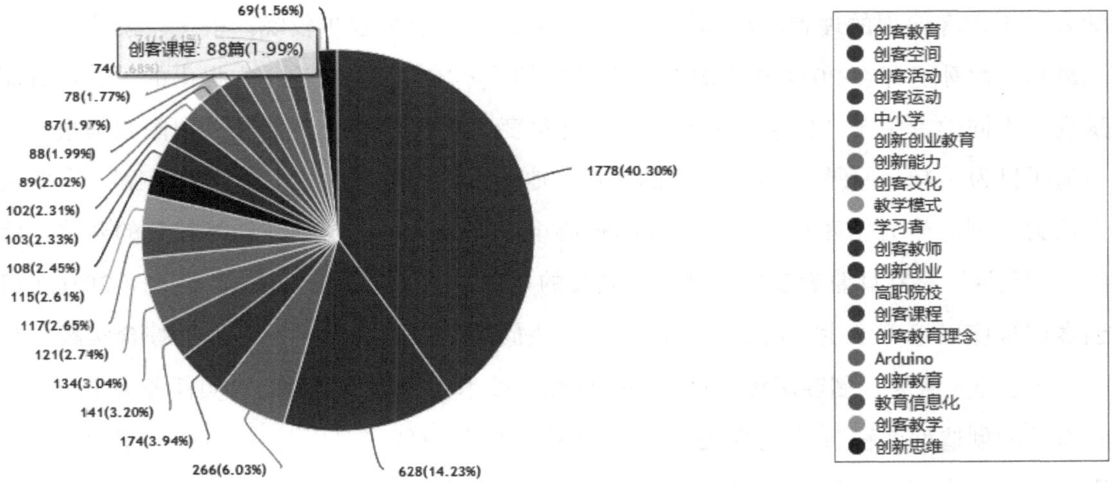

图 2.5　创客教育研究次要主题分布图

创客课程是创客教育生态系统中的关键组成要素，是让创客教育理念落地的最佳途径，也是新课程改革的重要方向和推进动力。从图 2.4 和图 2.5 都可以发现，创客教育的研究热点集中在创客教育理念、创客空间、中小学、信息技术、创新能力、创新文化等，而“创客课程”研究仅为 2% 左右，说明创客课程的相关研究还处在热点边缘，与创客教育研究的火热相比，创客课程的实践探索尚欠火候。缺少创客课程的依托，课程目标不明确、课程主题不清晰、课程内容较分散，即使3D打印、开源电路、机器人、人工智能等新兴的前沿技术进入校园，学校的创客教育也只是变成了科技秀场。课程体系不完善、学生的学习结果碎片化现象严重，学生难以用创新的方式认识世界、改造世界，对其创新能力的培养没有显著成效，只会阻碍我国创客教育的健康发展。

第二节　创客课程的研究现状分析

一、创客课程的研究文献现状

创客课程提供了一种“以创造为中心”的课程改革视角，肩负时代赋予教育的新型育人使命。

创客教育要在校园里“落地生根”直至“繁荣”，必须以创客课程为抓手。然而，目前我国学者对于创客课程的理解不尽相同，有关创客课程的研究起步较晚，中文“创课”一词的概念最早是由孙建锋在2014年发表的题为《“创课”·“创客”》的论文中提出的。通过查阅文献发现，不同学者关于“创课”有不同的理解角度。2015年，孙建锋在《中国教师报》发表了一篇题目为《有一种课叫“创课”》的文章，他认为创课是一项“综合创新课程”。[①] 张文兰等人认为，创课作为创客教育系统工程的核心组成部分，是学校实施创客教育的载体；管雪沨认为“创课”是在课堂教学中开展创客教育的一种“创课”教学方法；[②] 陈刚（2016）等认为创客课程应以培养学生“通过设计制造以解决问题”融合各学科的工程类综合实践活动课程；[③] 万超等人认为，创客课程是指“一种依托新技术支持以跨学科的真实任务为主线开发设计新作品的创造型课程”；[④] 杨现民认为，“创课”应落地到“课程”，特指服务于创客教育的课程，是一种有别于传统学科课程的新型课程，具有广义和狭义之分。广义上的“创课”指以培养学生创客素养为导向并服务于创客教育的各种课程的总和，既包括电子创意类课程，也包含手工、陶艺等艺术类创意课程。狭义的“创课”特指以智能化信息技术应用为特征的

① 孙建锋．有一种课叫“创课”[N]．中国教师报，2015-11-18（7）．

② 管雪沨．创课教学法在信息技术教学中的实践与应用[J]．中国教育信息化，2015（10）：70-71．

③ 陈刚，石晋阳．创客教育的课程观[J]．中国电化教育，2016（11）：11-17．

④ 万超，魏来，戴玉梅．创客课程开发模型设计及实践[J]．开放教育研究，2017（3）：62-70．

电子创意类课程，其信息化科技含量较高。[①] 总体而言，创客课程是一种有别于传统学科课程，以跨学科学习为特征，以智能化数字技术为载体，专门服务于创客教育的课程形态。当然，创客课程并不是指单独一门课程，而是由低阶到高阶的一系列课程的组合，其目标主要是培养具备创新意识、创新思维、创新能力的创新型人才。

创客课程是创客教育实施的重要载体与依托，创客课程的价值是什么？为进一步了解创客课程的研究现状，在中国知网数据库中以“创客课程”为关键词进行检索，发表时间从2015年至2022年，共检索到中文文献234篇。具体的年度发文趋势如图2.6所示，除了2018年外，其他年份的发文量的趋势与创客教育的发文趋势基本一致。

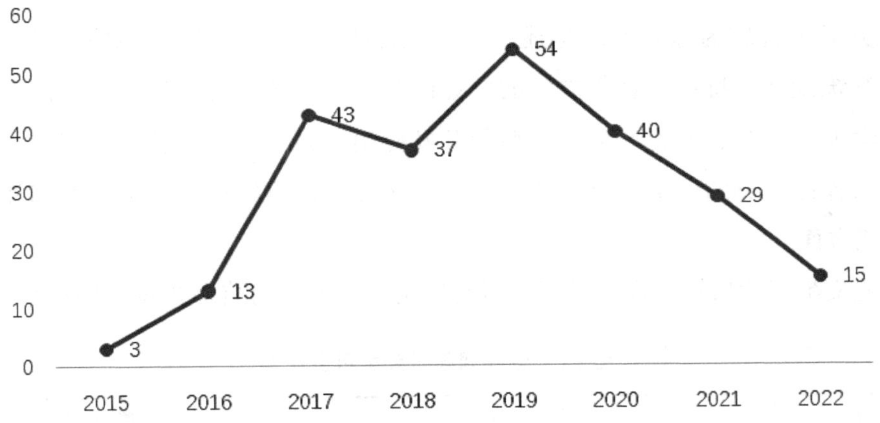

图2.6 创客课程研究的年度发文趋势图

二、中小学创客课程的研究特点

中小学生对众多的新奇事物有强烈的好奇心，正处于创新意识、创新思维和创新能力培养的关键期，创客教育已成为中小学教学中的一个重要组成部分，创客课程作为学校实施创客教育的重要载体，身处我国基础教育阶段的一线教师，是如何看待创客课程的呢？在教育实践中创客课程方面存在哪些问题？开展过哪些相关研究呢？为了解目前中小学创客课程研究现状，基于上述检索文章，进一步筛选出作者为中小学教师的文献92篇，以内容分析法对这些文献进行量化分析。

内容分析最早产生于传播学领域，是一种非介入性的研究方法。内容分析的对象不仅包括文本中的显性内容信息，也包括内在本质的隐性内容信息。其目的是弄清或测验文本信息

① 杨现民. 建设创客课程：“创课”的内涵、特征及设计框架 [J]. 远程教育杂志，2016（3）：3-14.

中本质性的事实和趋势，并对事物的发展做出预测。本次选择作者为中小学教师与创客课程相关的篇章作为内容分析的样本，以刊载的文章为基本分析单位，建立起有意义的分析类目进行分析。

对于内容分析法而言，内容分析类目表的编制是关键。目前对于创客课程研究的类目设计还没有学者进行过相关研究，根据课程论的观点，课程设计是按照一定的课程理念，以特定的方式组织安排课程的各种要素或各种成分，从而形成特殊课程结构的过程及其产物。类目设计是参照泰勒模式及其他研究进行分类，因此，根据课程的内涵所提及的要素，本研究将课程理念、课程设计、课程实施、课程评价作为创客课程研究内容分析类目表的一级类目。课程理念类论文主要从创客课程的概念内涵、理论基础、意义价值、设计原则、教学策略、发展现状等方面进行较为综合性的论述；课程设计类的论文主要涉及创客课程的设计模式、教学设计、系统设计、特色设计等方面的研究内容；课程实施类的论文主要涉及创客课程实施方法、教学模式建构、实施环境与资源的开发应用、案例分析及基于创客课程改革策略等方面研究；课程评价类的论文研究关注点在于创客课程评价标准、评价体系和评价方法的构建等评价机制方面。

对所研究文献阅读后再梳理并进行了编码后统计，得出的结果如表 2.1 所示。

表 2.1 创客课程研究类目设计表

类目	内容说明	篇数（篇）	百分比（%）
课程理念	概念内涵、理论基础、意义价值、设计原则、教学策略、发展现状等	22	23.9%
课程设计	课程的设计模式、具体主题教学设计、系统设计、特色设计等	39	42.4%
课程实施	课程实施方法、教学模式建构、案例分析及基于创客课程改革策略等	28	30.4%
	实施环境与资源的开发应用、课程实施支持要素等	3	3.3%
课程评价	课程评价标准、评价体系和评价方法的构建等评价机制方面	0	0%
合计	92		

为进一步聚焦本书的研究主题，同时使本书的研究更具针对性和科学性，对所有文章以学段分类、整合学科、课程类型三个维度作为标准进行分类，如表 2.2 所示。

表 2.2 创客课程研究主题类目设计表

一级类目	二级类目	说明	篇数（篇）	百分比（%）
学段分类	高中	/	35	38.0
	初中	/	16	17.4
	小学	/	41	44.5
整合学科	信息技术	与信息技术课程整合	14	15.2
	物理	与物理课程整合	4	4.3
	化学	与化学课程整合	2	2.2
	数学	与数学课程整合	2	2.2
	英语	与英语课程整合	1	1.1
	美术	与美术课程整合	1	1.1
	音乐	与音乐课程整合	1	1.1
	项目	以多学科整合的项目方式	67	72.8
课程类型	逻辑程序类	主要涉及一些图形化编程语言以及软硬件联合编程工具的使用及设计，如 Scratch、Arduino IDE、App Inventor、Python、Processing 等	20	21.7
	电子机械类	主要涉及电子电路设计、机械组合以及人工智能等方面，如电路设计、传感器技术、智能机械、机器人、无人机等	17	18.5
	结构创意类	主要涉及创意的原型设计与实现、制造设备与工具等内容，如激光切割、3D 打印、玩具制作等	9	9.8
	文化创作类	主要涉及文化及艺术创作，包括平面设计、Autodesk 设计以及手工、陶艺、绘画、地方工艺等创意设计与制作	6	6.5
	其他	/	40	43.5
合计		92		

通过对研究文献内容的分析，可以发现，当前创客课程研究有以下几个主要特点：

（一）创客课程理念类论文有一定数量

创客教育在中小学的开展时间不到十年，在这几年时间中创客课程主要解决“从无到有”的问题，经过仔细阅读文章内容发现如表 2.1 所示，创客课程理念类文章约占总文章数量的

24%，此类文章属于描述类和介绍类的论文，主要是描述或是重复界定创客课程的概念、内涵、特征等，揭示创客课程应包含哪些要素，创客课程应具有哪些特点的描述性研究，不涉及具体的课程开发实践。或是阐述了创客课程建设的意义及示范效应，以及号召推进创客课程的建设步伐，没有涉及比较具体的创作主题。这对于一个新兴发展的事物来讲无可厚非，但也说明我国创客课程的研究尚处于初步探索阶段，还未进行到更深层次的研究。

（二）创客课程设计类论文数量较多

创客课程设计类的文章占到总数的 42%，其中以创客课程设计模式、对某个具体主题的设计、校本特色课程设计的案例阐述建设经验文章居多。这类创客课程的设计多数针对具体的学科或某单一主题进行，课程关联性弱、同质性较强，更深入本质地进行研究课程的设计理论基础、原则和策略类的文章几乎没有，这也说明当前创客课程研究比较注重课程的建设思路和建设方法，而忽视了更进一步对创客课程相关设计理论、学习环境和学习活动组织的教学设计，以及缺少相关的系统设计的理论研究。

（三）创客课程实施类论文数量不少

经过统计发现，创客课程在实施应用方面的研究不少，占 31%，这也说明目前创客课程实践研究逐渐引起了广大一线教师的重视；在课程实施环境与资源的开发应用、课程实施支持要素等占 3%，这不能说明这方面的研究不多，而是检索的关键词是创客课程，在创客教育研究中，创客空间的建设与应用一直都是研究热点。

（四）创客课程评价类研究论文缺失

创客课程的评价对于创客课程的质量保证起着关键的作用。从表 2.2 可以看出，如何进行创客课程评价没有专门的研究，但有不少创客设计或创客课程实施案例的研究中都涉及评价这个要素。创客课程的评价体系处于一种无序状态，如何科学规范的研究创客课程的评价标准、评价的方法和评价原则上并没有突破，这也说明目前对于创客课程的评价研究应引起人们的注意。

（五）各学段都重视创客课程开发

创客课程分为初级、中级和高级三个部分，分别指向 K-12 教育中的小学中高年级学生、初中生和高中生。研究发现研究样本中有 38.0% 来自高中教师，17.4% 来自初级中学教师，有 44.6% 为小学教师，说明在中小学学校的各个学段中都有教师在进行创客课程的设计与实践探索。

（六）创客课程的融合特征明显

创客课程作为一种新形态的课程，以跨学科学习为特征，经过统计发现虽然创客课程中出现以某个学科为主导（如信息技术、物理、化学、数学），甚至英语、音乐、美术进行创客课程的整合，但创客课程已呈现出打破传统的以学科为中心的课程设置，基于项目方式设计开发的创客课程占 72.8%，教师通过对多学科知识进行统筹和融合，设计以解决生活中贴近学生的实际问题为主线的协作项目，该类课程没有严格的学科规定性，随着创客课程的展开，呈现出“生成性”特征。

（七）创客课程类型的多元化

创客课程内容的实现载体方式比较多样，目前主要包括：逻辑程序类、电子机械类、结构创意类和艺术创作类。① 面对如此众多的创客课程类型，中小学教师选择了哪些创客课程类型呢？随着进入教学实践的创客课程增多，课程的主题和内容也愈加丰富有趣。在具体的课程内容中逻辑程序类和电子机械类所占的比例较大，分别为 21.7% 和 18.5%，结构创意类和艺术创作类也有一定的比例，说明在具体的内容选择上比较多元，当然也体现出当下创客课程的创客教育内容呈现出信息化和技术化特点，迎合新时代教育信息化的主流趋势。

三、中小学创客课程的出版特点

为全面掌握创客课程情况，避免收集资料过程中出现疏漏，选择了蔚蓝网的网络书店进行资料收集。蔚蓝网是国内比较成熟的网络书店之一，对书籍的收录比较完整，且同很多其他网络书店有合作关系，能够提供比较完整的资料信息，并在一定程度上可反映出市场上流通较多的教材的情况。在蔚蓝网搜索栏键入“创客课程”这一关键词，仅找到 5 本相关书籍，如表 2.3 所示。

① 张文兰，刘斌，夏小刚，等. 课程论视域下的创客课程设计：构成要素与实践案例 [J]. 现代远程教育研究，2017（3）：76−85.

表 2.3 创客课程的有关出版物

序号	书名	作者	简介	出版社	出版时间
1	基于国家课程的创客教育系列丛书：创客，跟我来	姬文广等	本书是一部面向小学生的创客教育通识读本。全书解释了创客、创客空间等热词的含义，让学生认识到创客人人可为，并从创客精神、创客能力、创客价值三个方面阐述了创客教育的三大核心素养	河南科学技术出版社	2017-04
2	生活美学创客校本课程系列丛书（全5册）	林华强、王婉玲、汤美霞、陈妙斌等	《厦门市金安小学校本课程：全5册》《品茶》《赏花》《黏土》《染布》《玩纸》	中国旅游出版社	2019-07
3	中小学美术创客课程的开发与实施	钱雪锋	《中小学美术创客课程的开发与实施》，本书首先通过对核心素养、创客教育、美术创客课程等相关理论研究，厘清了美术学科核心素养和创客课程之间的契合点	上海教育出版社	2020-04
4	小学创客课程的建构与实践探索	蔡艳	本书结合中国文化、地区资源、校本，探索一种适切中国文化背景的，适合儿童特点的行动路径，对创客文化进行本土化、童本化再造，使之达到提升儿童科学素养，提升儿童面对未来的综合能力的目标	江苏大学出版社	2020-11
5	课程视角下的创客教育探究	杨绪辉	本书从时代背景、文化源流入手，对创客教育的本质进行了剖析，确定了人文技术哲学、创造心理学和建构论作为其开展的理论基础；课程目标层面，研究了设置的基本依据、基本取向以及目标体系；课程内容层面，根据创客教育的特点和“工作主线”的思想搭建了核心内容，对不同学段内容进行了划分，并提出了课程内容的组织方式；在课程实施层面，论述了实施的原则，确定了课程实施的环境，提出了基于项目和基于问题两种实施路径；在课程评价层面，借助五维形态和一线师生的调研构建了课程评价模型	南京大学出版社	2021-12

从表 2.3 中可以发现，目前国内关于“创客课程”设计与开发研究的书籍数量并不多，《创客，跟我来》是“郑州创客创课项目组”推出的创客教育通识读本，也是一本启蒙读物，该书从学生的角度，运用浅显简洁的语言，采用图文并茂的方式，较为系统地介绍了创客的起源、精神、文化，通过兴趣引导、思维方式、造物技能、典型案例等方面，点燃同学们成为创客的欲望和激情，铺平他们迈向创客之路的基石。《生活美学创客校本课程系列丛书（全 5 册）》为厦门市金安小学通过教学让学生体验生活美学组织编写的包含品茶、赏花、黏土、染布、玩纸等少有的非信息技术类的创客校本课程系列丛书。《中小学美术创客课程的开发与实施》是中学教师钱雪锋探索创客文化与美术教育的相关结合，在学生兴趣的基础上，采用项目教学的方式，使用数字化工具，倡导“造物”，鼓励分享，培养学生跨学科解决问题的能力、团队协作能力和创造能力的一种素质教育的研究成果。《小学创客课程的建构与实践探索》是江苏科技大学附属小学探索一种适应中国文化背景，适合儿童特点的行动路径，对创客文化进行本土化、童本化再造，使之达到提升儿童科学素养，提升儿童面对未来的综合能力目标的校本创客课程实践成果。《课程视角下的创客教育探究》是淮阴师范学院教育技术学专业杨绪辉教师选择从课程视角来探讨我国的创客教育，在系统梳理创客教育的本质、理论基础、课程目标的基础上，提出了以“工作主线”来构建创客教育课程的核心内容体系的主张，通过“技术知识”“技术应用”和“技术思想”三层架构来对课程内容进行组织，对创客教育课程的实施与评价进行了深入、系统的研究。

四、中小学创客课程研究存在的问题

创客课程是支撑创客教育顺利开展的重要力量，缺乏创客课程支持让创客教育陷入无源之水的地步。其研究的重要意义已经得到了广大研究者的认可，但在实际开展研究的过程中也存在些许不足。随着认识和研究的不断深入，更加理性和客观的对待创客课程研究中出现的问题是很重要的。

（一）创客课程的理论研究力度不大

创客课程作为一种新形态的课程，其相关理论研究及应用研究相对较少，研究力度薄弱，目前还缺少成熟的设计理论和开发过程模型。综观创客课程的研究，创客课程设计开发的理论相关的研究主要分为成两类。

一类是关注创客课程的系统性，将课程作为一个因素对整个创客教育的推进提出整体架构的研究，提出构建课程体系的研究，这类研究比较宏观，研究数量相对较少。在期刊研究方面，杨现民在建设创客课程中，论述了“创课”的内涵、特征，认为设计创客课程应在体验式学习理论和建造主义理论指导下，遵循趣味化、立体化、模块化和项目化这四大理念，系统地构建了创客课程的通用设计框架和基本流程；① 陈刚等在课程视野下讨论创客课程的目标价值、理念定位、课程内涵、特征等理论问题，② 提出基于“经验单元”创客课程设计模式，适宜采用表现性评价作为课程评价方式；万超等提出了创客课程沿着“课程目标－课程内容－课程资源－教学策略－教学实施－课程评价”环状流程展开的开发模型。武滨等依据斯宾塞的社会进化思想，从理论层面勾勒出中小学创客课程生态进化的基本规律、特征及过程。杨刚等提出以学龄特征及其认知发展水平为导向，构建以兴趣促进创新力发展的创客教育目标体系，以“做中学”为主路径，构建内嵌式的创客教育课程体系。张文兰、刘斌、夏小刚等针对已有的创客课程研究多从教学的视角切入，注重流程和模式设计，强调学科思维和知识的系统有序，忽视创客课程本质的问题，依据课程论原理，提出创客课程设计应包括课程目标、课程内容、学习活动和学习评价四个设计要素。在著作中，则只有杨绪辉《课程视角下的创客教育探究》抓住了我国中小学创客教育课程缺乏统一的“痛点”，提出了以“工作主线”来构建创客教育课程的核心内容体系的主张。分析还发现，这些创客课程的理论研究基本来自高校学者，研究成果较少且更多地停留在研究层面，对于中小学教学实践并未起到明显的指导作用，表现为高校教学研究与中小学教学实践活动“严重脱节”。

另一类是针对具体的课程开发实践研究，在课程开发的基础上，提出课程开发的模式、模型等，这种类型的研究占比较大，多集中在某一门课程、某一校本课程甚至某主题的探索、设计与实践，往往探究某一个软件或技术的应用产生的效果，试验与信息技术课程或某一传统学科融合得出创客课程的效果，研究者关注具体的创客课程的框架设计、创客教学策略、创客教育教学模式、创客教学组织形式等的构建研究，这些探索对于如何在基础教育中实施创客教育提供了方法上的借鉴。这些创客课程设计开发模型的探索，存在着相互独立、割裂与碎片化的问题，可以说创客课程的理论研究较为分散，虽然已形成一定的创客课程设计理念，但是离丰富、系统、科学完善的理论框架还有一定距离。

（二）创客课程的价值定位有所“偏颇”

创客课程是推动教育改革、达到新课改目标的重要力量，是为社会培养创新型人才和高素质人才的重要途径之一，创客课程开发的重点与难点是如何基于学生个性化发展的需要，

① 杨现民. 建设创客课程：“创课”的内涵、特征及设计框架 [J]. 远程教育杂志，2016（3）：3–14.

② 陈刚，石晋阳. 创客教育的课程观 [J]. 中国电化教育，2016（11）：11–17.

将创新思维整合到课程内容中，以培养学生的创造创新素养和创新能力。然而受到创客课程结果导向的影响，许多学校在开设创客课程时过度关注“小发明、小制作”等，创客课程内容过于偏重技术工具的应用，并致力于用“发明成果”参加各种创客比赛获奖，存在比赛功能强于教育功能的拔尖教育倾向，这种明显功利化追求，使创客课程的价值在于追求最终的结果而不是过程的探索，违背了创客教育的初衷。

由于目前中小学课程教学实践中的价值定位上的“偏颇”，造成实践的过程中存在一定的“跟风”“技术为上”的观念，一窝蜂让学生学习 Scratch 编程课程、3D 打印、机器人、Arduino 开源软硬件课程等，在多数企业和商业机构的推波助澜下，一些学校一味地求新求异，实施过程中只关注技术的炫酷，虽在短期内能有一定成绩，但长久下来会出现“后劲不足”的现象。将技术作为创客课程的载体无可厚非，但如果缺乏科学的教育设计和基础性学科知识的融合注入，没有依托其他学科及学习者兴趣而开发跨学科探究项目，只停留在技术传授、课程资源包的项目移植，没有将技术作为一种工具而实现创意的激发，难以激发学生的“创客”意识，进而影响创客课程的实施效果，阻碍创客课程在学校的常态化发展。

（三）创客课程的系统化、连贯性的研究稀缺

能力的培养是一个长期的、系统的过程，要实现创客教育的能力培养目标，创客课程的设计开发需要实现系统性及内在连贯性，才能为能力发展提供持续的助力。同时课程体系的整体性可以确保创客教育的体系化、连贯性，课程内容的一致性也可以促进区域间互相沟通彼此的教学实践经验，实现资源、技术等共享。但是，无论是从已有的研究成果，或是现实的实践中，可以发现创客课程还没有真正进入中小学课程体系，没有指定的课程大纲和教材，也未纳入学生能力发展的评价体系，学校开展创客活动在教育系统仍处于边缘。目前我国各学校创客教育是独立自主发展的，创客课程的开发还处于各级各类学校的自主运作和社会机构的商业探索阶段，创客课程开设显得十分随意，既有采用社团活动或课外活动的形式，也有校本课程等不同方式形式推进课程，主要由一些对创客教育感兴趣的热心教师开展，授课内容也由教师自己决定，创客课程的教材选择也比较随意，多为教师根据自身的特长或兴趣进行选择。教师在教学实践的过程中，基本采取的是基于学科的整合与基于创客项目的整合两条路径。基于学科的整合是以学科知识与原理为基点，将创客教育以模块化形式嵌入学科教学，引导学生在实践体验的支持下开展深度学习；基于创客项目的整合是以解决生活问题而生发的创客项目为主线，依据项目主题遴选重组不同学科知识的内在结构，通过跨学科教育活动提高学生对问题的综合分析能力与解决能力。基于学科整合中的创客教育处于从属地位，以课程设计、项目式活动为主，新兴技术工具与资源丰富实践创客课程，存在着同质化严重、

开设成本高、无法快速普及等问题。而且，很多时候教师处于独自研究的状态，“短平快”课程居多，带着明显的个人特色，创课的内容以现实问题为主，多以主题、项目或活动的形式来架构整个课程体系，呈现松散模块化、非线性组织等特征，课程内容碎片化严重。

当前，中小学由于缺乏系统的创客课程体系，因人设课、因技术设课、因装备环境设课的现象比较突出，教材开发处于一个零散、自发的状态，课程之间缺少逻辑衔接，内部之间的关联性和连贯性较差。由于目前创客课程体系缺乏连贯性、衔接性，使得学习者习得的创新技能与知识存在重合与割裂，不利于学习者创新思维和创新能力的培养，制约创客教育的长足发展。

毋庸置疑，创客教育要想在校园中扎根需要大批的教师深度参与创客课程的设计开发研究，更多的实践探索构建中小学创客课程开发模式，进一步开发具有跨学科性、衔接性的课程资源，按学生发展的需求构建完整的创客课程体系，形成系统化与系列化的创客教育课程，使其走向专业化。

（四）创客课程的评价指标体系的研究不受关注

课程设置与课程评价的关系非常紧密，科学的评价体系和评价指标，是课程取得最佳成效的重要保障。创客课程评价是创客课程开发的一种检视，一方面可以保证合理评价目标的达成，另一方面借助于评价可以促进教师对教学进行反思，促进学生构建学习兴趣和习得学习方法。创客教育在我国尚处于初步发展阶段，对于创客课程研究，教师主要关注“从无到有”的问题，对于创客课程要素的研究主要聚焦于创客课程理念、课程设计和课程教学，而针对创客课程评价的专门研究较少，在创客课程的评价方面，尚没有比较科学的标准，也没有形成与之相适应的评价体系。

五、提升中小学创客课程研究的策略

（一）加强创客课程的理论研究

理论是支撑创客课程研究的基础，它可以指引具体创客课程的设计与实践。目前创客课程理论基础研究存在不足，应加强创客课程理论的研究力度，扩大研究视角，既要借鉴社会科学，也可借鉴自然科学，从系统整体性视角去探索创客课程发展或进化规律，结合创客课程自身特征进行深入剖析，探究创客课程体系设计开发的整体架构，形成基于中国特色的创客课程开发体系，完善理论体系的操作性，为创客课程研究奠定坚实的学术基础，同时应该加强高校研究与中小学校的联系，提高高校研究成果的推广度，为我国中小学创客课程实践提供理论指导，以期更好地推动创客课程在中小学的实践活动。

（二）构建教师共同体加强创客课程实践探索

创客课程之于创客教育的意义，并不仅仅在于是学校开展创客教育的具体途径，更在于通过课程形态承载的课程理念、课程规划、实施环境、实施策略、评价体系等所形成的创客精神与创客文化，以及以教师为核心成员的课程行为主体。通过对文献的可视化分析，可以发现当前中小学创客课程研究的人员众多，参与研究的区域和学校也较为广泛，但是可以发现大部分研究者和研究机构的合作研究较少，研究相对比较独立，缺乏学术交流，没有出现核心的研究团队，未形成区域性合作或跨区域合作，作者和研究机构之间的隔阂不仅易造成学术资源浪费，使得创客课程研究没有形成合力，不仅阻碍创客课程的开发和实践的开展，也影响高质量研究成果的出现。因此，应鼓励不同区域、不同学校的研究者和研究机构加强联系，教师形成联盟，通过联盟汇聚对创客教育有共同愿景的各校教师，同时通过创客教师联盟建立教研共同体，分享真实体验的、现实中遇到的问题以及解决之道，分享使用的创客资源以及创客教学过程中的经验与体会，实现创客教学资源的共享和传递，实现创客实践经验的流动与互助，缩短教师的专业化成长周期，促进区域创客教师团队的自我快速成长。同时，创客教育涉及的领域较为广泛，教师联盟可以根据创客教育的类别分为不同的模块，教师们根据个体兴趣与技能特长主攻一个模块，形成创客教育的指导团队，在指导团队的协助下，可以让更多的学校更快开展创客教育，避免重复性的实践探究，可以让创客教育尽快实施常态性，提高学生创客教育的普适性与参与度，在创意物化为实体的实践中，在创新、共享、唯美的创客文化浸润下，培养学生知行合一的思想，从而促进学生的自我全面发展。

（三）强化创客课程体系的系统性与本土化研究

对于创客教育来说，各个地区学生发展需求和水平存在差异，因而不同地区学生发展所需要的教材也不相同，因此，创客课程的构建不能完全照搬现有的课程体系。一方面，相关部门可组织研究人员对市面上的创客教科书进行分析与鉴别，找出相对成熟、适合本区域学生的教科书，以供各个学校的创客教师选择，使教师有目的地订购教科书。另一方面，各地区的中小学的创客教育骨干教师团队可形成一个联盟，各个教师之间可以实现教科书共享，向其他教师分享自己使用的优秀教科书与选用教科书的经验。同时，构建以教师为主导的创课开发共同体，整合社会力量，根据当地的具体情况和学生认知特点与发展需求，从培养创新思维与创新能力的核心素养角度出发，遵循学生身心发展规律，开发出具有区域特色的创客课程，要用整体性、结构化的思想来建构创客课程学习内容，不同学段的内容应形成梯度构建，创客项目要与课程实现对应和衔接，更有结构性和系统性。对于开发的创客课程应做好推广和使用效果研究，从而对创客课程的内容进行修订与完善，最终开发出具有系统性、关联性、实用性的创客课程。

我国的创客教育是舶来品，国外具有更多更丰富的教科书，但是，一个外来物需要有效转化才能适应生存环境。由于国内外教学现状不同，学习目的存在差别，国外的教科书很难契合国内的教学现状，从研究文献中可以发现，没有中小学学校选择国外教材与资源也可以说明这一点。由此可见，如何实现教科书本土化是一项比较重要的工作，如何将国外创客项目进行本地化改造？如何将国外创客活动嵌入学科创客式教学中？如何改造国外创客课程所需的环境？如何改进国外创客课程的评价方式等？这些问题应是研究者、创客教师及行政机构、社会力量投入大量精力和时间去探讨和研究的。

（四）建立创客课程的评价体系

任何一种教育，都需要以一种适当的评价来衡量其价值，任何一门课程，也需要以一种适当的评价方式来检验其成效。创客课程的评价尤其值得我们重视，因为它们打破了传统的教育模式，必然需要以新的评价方式来适应。与传统教育分科课程相比，创客课程依托技术工具寓创新意识与创新思维于实践行动中，以创新性技术产品为项目目标指向，使学生在遵从本心的创作设计中实现全面发展，秉承学生发展的全人教育理念，创客课程评价指标需增设新要素，不仅需要评价创客的产品还需要评价学生参与创客活动的整个过程，还要评价学习者的创造协作能力、创客思维能力、解决实际问题的能力，设计一套完整评价指标体系，具有评价理念的整体性和全面性，评价主体的多元性和发展性，评价内容的多维性，评价方式的多样性和动态性，如图 2.7 所示，可以为创客教育的规范化开展提供工具支持与方法指导。

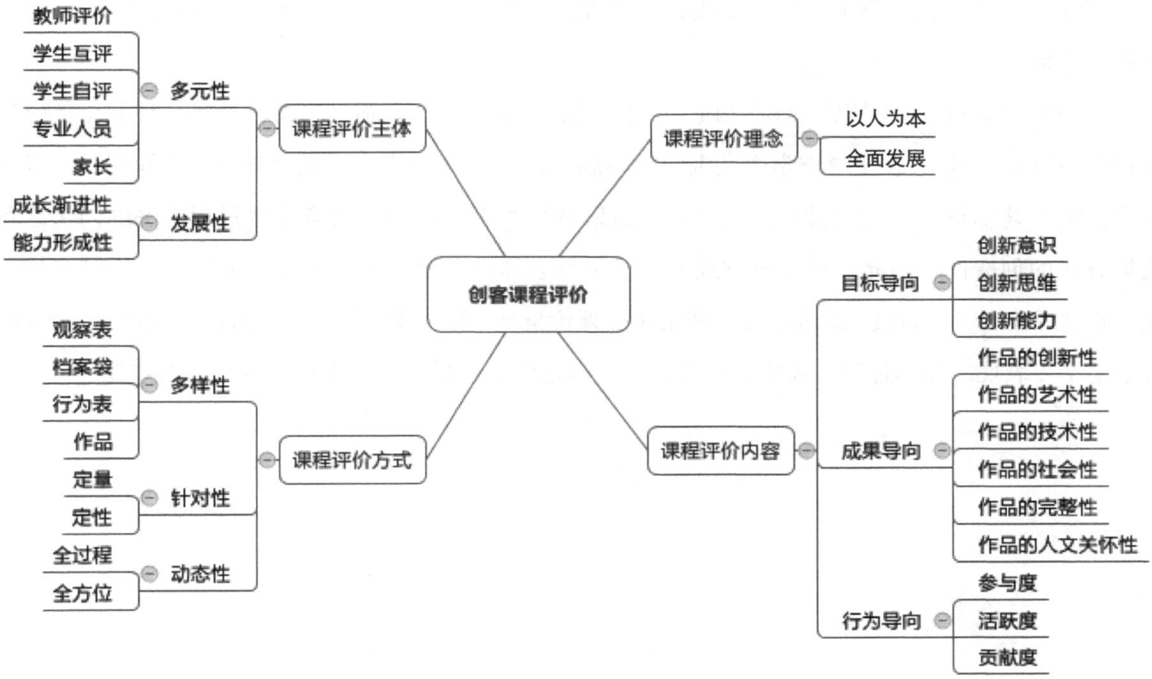

图 2.7　创客课程的评价体系

在评价理念上创客教育的目标在于促进学生的全面发展，提升创新思维和创新能力，因此，要以核心素养为统领，关注学生的全面发展，以学生为中心的评价，以激发学生学习的积极性、主动性和创造性，重点考查学生创新意识、创新思维和创新能力。

在评价内容上，应体现创客课程评价内容的整体性，从目标导向、成果导出和行为导向上进行多维评价。在目标导向上，围绕创客核心素养从创新意识、创新思维与创新技能三个层面，对学生内隐与外显的创新品质通过言、行、物进行挖掘以客观评测其创新能力水平。在成果导向上，主要围绕作品本身的特征进行评价。在行为上，关注学生在创客活动中的行为表现。

在评价主体上，如果只有教师一人作为主体实施评价，教师只能站在自身的角度去评价，这样的教学评价就具有很强的垄断性、主观性。从某种程度上说，评价主体越多，得到的评价结果越丰富、越客观。因此，教师应秉持着以生为本的教育理念丰富创客课程的评价主体，除了教师作为评价主体实施评价以外，可以让学生、专业人员甚至家长等参与到评价活动中。学生自评可着眼于学生对项目学习过程中的个人表现进行自我反思。同伴互评可着眼于项目成果的交流展示以及彼此勉励，同时提供良好的反馈建议，促进创意作品的优化完善。教师与专业人员可着眼于创新、创造能力的评价，重点考查学生在创客活动中所展现的创客素养、实践能力、创新意识、创造力等。

对于评价主体还需要考虑到学生成长的渐进性和思维能力形成的发展性，根据预设并动态调整评价体系。

考虑到创客教育是“思”“学”“做”“创”的递进式结合实践活动，每一步每一环节也都应当有自己的目标，“思”在于考查学生发现问题的能力；“学”考查学生对问题学习相关知识、技能的能力；“做”考查学生针对具体项目的动手技能以及协作能力；“创”考查学生过程方法的创新性和成果方式的创造性。因此，在评价方式上，应秉承多样性和针对性，基于定量与定性相结合的方式，通过观察表、行为表、态度量表、档案袋等评价量规，以及交流、访谈、研讨等质性评价手段，对学生学习表现、创作过程、技术作品等，进行多角度、全过程、全方位的客观的整体性评价。

第三章 创客课程的生态体系建构

第一节　构建校园创客空间

一、创客空间及其构成要素

创客运动初期主要以发明工作室、创意作坊、制造实验室等场所为载体，创客空间成为创客群体主要的聚集地和创意加工厂，也是开展创客活动的基础设施与支撑条件。

（一）创客空间

创客空间（Makerspace）源自英文“Maker”与“Space”的组合。创客空间（Makerspace）原型最早可以追溯到1975年美国硅谷成立的“家酿计算机俱乐部”（The Homebrew Computer Club），是一个为计算机爱好者提供相互交流组装电脑经验的场所。而随着创客运动的飞速发展，创客空间的开办也非常迅速，但研究者们对于创客空间的定义则较为多元。

美国著名杂志《Make:》从创客空间的功能角度出发，将其定义为：一个混合有加工车间、工作室和实验室功能的真实存在的场所。① 维基百科中创客空间的定义为，创客空间（hacker-space、hacklab、makerspace或hackspace）是一个社群自治的工作间，通常在计算机、机器、技术、科学、数字、电子技术等方面具有共同的兴趣的人们可以合作与交往。② 2015年我国《政府工作报告》从众创的角度出发，将其注释为：顺应网络时代创新创业特点和需求，通过市场化机制、专业化服务和资本化途径构建的低成本、便利化、全要素、开放式的新型创业服务平台的统称。③

可以说，过去十多年是教育创客空间从“草根生长”到“烈火燎原”式发展与变革的十

---

① 陶蕾．图书馆创客空间建设研究[J]. 图书情报工作，2013（14）：72–76，113.

② Hacker–space.wikipedia.[EB/OL].（2016–06–01）[2023–05–10]. https://en.wikipedia.org/wiki/Hackerspace.

③ 新华社．两会授权发布：政府工作报告中相关词语注释[EB/OL].（2015–03–13）[2023–05–10]. http://news.xinhua-net.com/politics/2015–03/13/c_11146299.

年，教育创客空间已经由最初的家庭改造车库这一简单的形态发展为智能化、平台化、集成式的个体创造性思维交流与创新实践表达的场所。

（二）创客空间的构成要素

创客空间作为创客教育的实践场，是为创客们提供实现创意和交流创意思路及产品的线下和线上相结合、创新和交友相结合的社区平台，包括线下创客空间、教学技术环境和线上研修空间等。无论定义的维度如何，创客空间需要具备这些构成要素。

1. 相对固定的场所

提供一个物理空间，但也可以是旨在分享的精神空间，能让创客们更好地交流沟通，探讨创意，并积极探究怎样将创意转变为现实。

2. 必要的设备与资源

通过配置笔记本电脑、3D 打印机、激光雕刻机、无人机、机器人、智创套件等设备以及各种相关的软件资源，打造一个适合学生创作的空间环境。

3. 有共同兴趣爱好的人

创客空间吸引具备创造能力、创造想法的人，将他们聚集在一定的空间内，创客空间为这些创造者提供了数字工具、开源软件平台等，保障了创造力得以发挥的物质基础。

二、中小学的创客空间

对于中小学学校而言，通过学校创客空间建设，可对学校原有的实验室、数字探究室、实训室、科技馆、社团组织、兴趣小组等零星的、碎片化的创新教育资源进行有效整合，进而开展丰富多彩的创新教育。作为中小学创客教育实施的空间场所，其服务对象是中小学生，创业就业并非他们的主要任务，对他们进行创新意识、创新能力和动手实践能力的培养才是当前的关键，因此，相对比广义上的创客空间，中小学创客空间具有以下不一样的功能特征。

（一）中小学创客空间的建设目标

1. 培养学生创造力

对于中小学校园来讲，创客空间提供环境和设备的受众群体明确，是校园的师生，更明确而言主要是学生，创客空间的建设主要是为了提供一个有利于学生创作的空间环境，从而更好地培养学生的创造力。

2. 创设创造性学习环境

创客教育一定是从未知到已知的探究过程，教育创客空间的独特性，就在于为学生创设一个知识开源、情境不确定、结果未知的创造性造物环境，为学生提供一个动手锻炼、发散思维、创造生产的学习环境。

3. 构建跨学科实践

创客是造物的过程，“手－心－脑”三者的高度合一构成了创客空间有别于正式学习场所的特征。创造的过程，就是学生充分利用整合数学、科学、工程、技术、艺术等多个学科知识的过程。在创客空间帮助个体在造物的过程中开展跨学科跨领域的学习，学生通过动手操作与互动合作，并最终将头脑中的创意想法制作成为实体作品。

4. 培育共享合作理念

创客文化的核心不仅仅是单个个体的创造性表达与实践，还包括创客们因为分享创造过程而产生的快乐感觉与自我满足。创客空间就是集聚这样一群创客，他们依据自身的兴趣和喜好，合作完成带有鲜明个人色彩的“造物”。一旦“造物”完成，他们就会将其呈现给他人，甚至将完整的过程分享给社会，所以说，创客空间也是一个培养共享合作理念的场所。

（二）创客空间的布局

对于中小学而言，创客空间不只是进行创客教育的物理空间，更是实现学校层面课程创新的开放空间。创客空间不仅为创客课程提供资源支持，也是师生进行思想的碰撞、交流与合作的开放空间，支持学生创造力的培养以及教师创客文化的生成。从创客教育教学的合理性上来说，创客空间至少应该划分为以下几个区域，如图 3.1 所示。在条件允许的情况下，这些区域要相对独立设置，但还要保证彼此贯通，形成一个既分割又密切联系的整体。

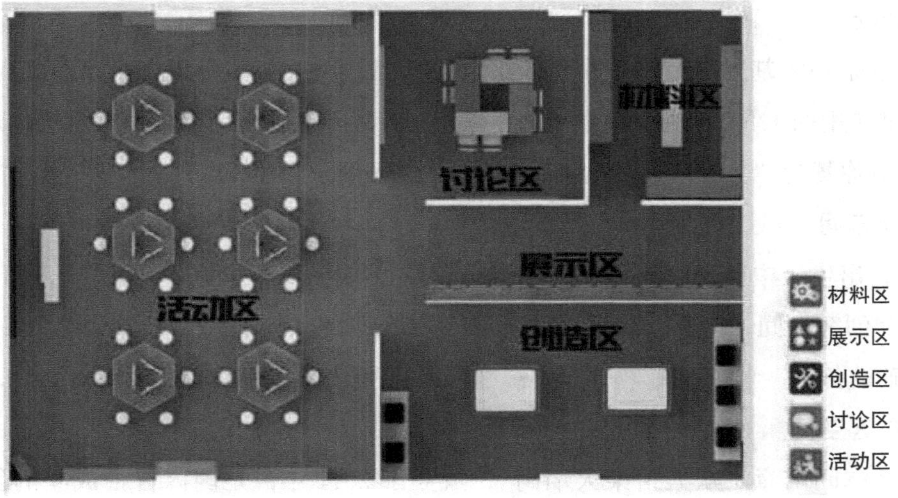

图 3.1　创客空间的参考布局

1. **开展创客教育活动区**

创客教育包含教和学的环节，创客空间需要供学习者学习创客课程资源，教师或专家在创客空间里可以向学生传授基础的理论知识，为学生的创新提供基础性铺垫，还可以给学生以实时指导，协助他们完成自己的作品。

2. **创客产品创造区**

创客空间是设计制作的工作室，能为学习者提供软硬件工具，供他们动手实践，帮助他们实现创意想法。

3. **分享交流创意讨论区**

创客空间是创意驱动的开放交流平台，学习者通过交流创意想法，分享经验和资源，完善创意。在创客空间里，大家可以相互交流，碰撞出更好的创意。

4. **创意作品展示区**

创客很喜欢做新的东西，很享受做的过程，同时他们享受分享作品，通过创客空间能够展示自己的作品，以结识更多的朋友，还可以供参观者学习借鉴。

5. **工具材料收纳区**

创客空间是创客工具的储藏室，主要是将创客作品和所存放的材料进行分类管理，以便在材料不充足的时候及时补充。

（三）有影响力的创客空间

有了创客空间的存在，才有更多的创客作品得以“发明、创造”，因此，创客空间的发展极为重要，与创客的发展密切相关。这里简单介绍具有代表性的国内外创客空间。

1.TechShop

TechShop 是一家基于会员制工作坊而组成的社区，通过会员费和收费课程盈利，可以为会员提供可供使用的工具、设备、教学、创作以及支持人员，以便创造他们一直想创造的东西。TechShop 曾被称赞为“美国最成功的创客空间”，但已经于 2017 年 11 月倒闭。

2. **上海新车间**

2010 年，出生于中国台湾的李大维在上海创办了国内第一家创客空间——新车间。上海新车间是一个创客空间，为喜欢自己动手捣鼓各种东西的人打造一个开放式社区，并提供实验空间和基础设备。

3. **柴火创客空间**

柴火创客空间寓意“众人拾柴火焰高”，成立于 2011 年，是国内首批成立的创客空间。2015 年 1 月 4 日，李克强总理考察了深圳柴火创客空间，对柴火的创新创意给予高度评价，在现场发出了“大众创业、万众创新”的号召。为响应李克强总理“双创”的号召，柴火启动创客教育计划，致力于推动国内 STEAM 教育和创客教育的发展，传播创新、实践、开放、分享的文化精神。柴火创客教育提供校园创客教育整体解决方案：校园创客空间规划、创客教育课程体系规划、创客师资培训等。柴火创客空间提供基本的原型开发设备如 3D 打印机、激光切割机、电子开发设备、机械加工设备等，并组织创客聚会和各种级别的工作坊。为创新制作者（Maker）提供自由开放的协作环境，鼓励跨界的交流，促进创意的实现以至产品化。

4. TechSpace **开放制造空间**

TechSpace 最初想法就是想模仿国外的 TechShop 模式，通过提供激光切割、3D 打印、木工等一系列专业的设备，同时提供一个良好的办公空间，让创客们可以利用空间里的工具来完成自己的项目。开放制造空间目前拥有一个金工车间、木工车间、CNC 车间，以及激光切割机、纺织品加工设备，一个包括电子开发和电子加工的实验室，若干 3D 打印机和一堆手动、电动工具，为 DIY 发烧友、创客、创新研发、小型硬件创业团体以及所有动手爱好者们打造的开放式会员空间。

5. Open Source Maker Space **开源创客坊**

开源创客坊秉承开源、开放、开心的创客理念，与法国巴黎 LaPaillasse 及马来西亚吉隆坡创客空间深度合作并共享会员机制，具备 24 小时视频会议系统与全世界的创客无缝对接，通过国际交流提高项目素质及创客水平，参与团队覆盖开源机器人、无人机、3D 虚拟现实、工业设计等多个领域。

三、中小学校园创客空间建设思路

学校作为教育机构，要讲究教育资源均衡配置，要为学生提供平等受教育的机会。学校创客空间不同于社会创客空间的主要标志之一，就是必须实行普惠原则，让更多学生有机会体验创新的过程，分享创新的乐趣。为此，学校创客空间不应将培养精英创客作为主要目标，而是要通过降低课程难度，调整课时密度，以接纳更多的学生参加创客活动。对于那些有兴趣、有诉求提升自身创客水平，拓展自身能力的学生创客，可以为其开辟另外的上升通道和空间，进一步处理好普惠模式与精英模式的关系。

（一）中小学创客空间建设的需求分析

对于中小学创客空间的设计，中小学学校应以立足实际、融合文化、发挥优势、因地制宜等原则建设学校创客空间。

1. **为创客课程提供资源支持**

中小学创客教育的开展需要依托跨学科的视角进行创客课程群规划。作为中小学创客教育开展的重要场所，创客空间应当为创客课程提供资源支持，创客课程资源不仅包括外在的物质资源，而且包括环境、文化等隐性课程资源。从课程设计与开展角度而言，创客空间打破了原有相对封闭的教室空间，创设创客空间自身所具备的开放性特征，空间内部的任何一种设施都应当是有效的课程资源。判定一个创客空间的标准，应该是其自身成为课程设计与构想的灵感发源地，成为创客课程及创客教育得以有效开展的必要条件。

2. **支持学生创造力的培养**

创客教育就其内在价值而言，在于促进学生创造力的培养。对于学生而言，创客空间不仅仅是各种创客设备的陈列地，更要成为其探索、实施创作的第一场所。创客空间内部所配备的各种技术设备，无疑为学生的进一步创造性活动提供了条件，在这里不仅为学生提供多样化的设备环境，也让学生在创作过程中获得深刻的学习体验，在真实的任务情境中发现、分析、解决问题，是激发学生创造性思维的重要空间，是培养学生创造力的场所。

3. **生成校本创客文化**

对于学校而言，创客空间是一个整合了物质、技术、智力、社会化资源的教育空间，然而，在现实中小学创客空间的建设过程中，不仅要考虑一系列的硬件设备和软件系统，还要结合学校的需求与文化特色，使得培育校园创客文化成为学校开展创客教育的核心价值诉求。仅凭借零散的创客课程必将难以形成活跃的创客氛围，优质的学校创客空间绝非是物理实体空间层次的塑造，而在于通过创客空间营造创意、动手、协作、分享的校园创客氛围，依托空间来支持学生创意的发挥，提升学生在创造过程中的情感体验，从而在学校中培育浓厚的创客文化。

思考如何利用创客空间开发系列创客课程，培养跨学科学习能力；如何建设适合中小学的“造物”空间，让学生可以进行实践创新；利用创客空间以促进交流和分享，形成创客文化氛围；这些问题都是校园创客空间的建设需要重点考虑的。

（二）主要建设思路

为推进创客教育的发展，各地教育行政部门对学校创客空间建设提出具体指导意见。山东省教育厅 2017 年出台了《山东省学校创客空间建设指导意见》，要求“选择一个或多个适合本校特点的项目，安排合适的功能用房，配备必要的软硬件设备设施，完成学校创客空间基础建设”。为切实落实教育部《关于加强和改进中小学实验教学的意见》《中小学综合实践活动课程指导纲要》《广东省教育发展“十四五”规划》《广东省教育厅关于加强和改进中小学实验教学的实施意见》等文件精神，广东省教育厅于2023年制定了《广东省中小学创客教育空间建设指南》。创客教育已经在国内发展到了一定阶段，广东省教育厅的创客教育空间建设指南为创客空间的建设提供了最新的指导思路和建议，利用区域性学校建设好自己的创客空间。广东省教育厅要求“要充分认识创客教育的重要意义，加强创客空间建设，积极开展创客教育实践活动，培养中小学生创新精神和实践能力，推进基础教育高质量发展”。无论是山东省还是广东省，强调突出学校创客空间坚持个性发展，建设各自特色的学校创客空间。要求“学校应根据自身发展方向和目标制定具有校本特色的创客教育类型建设方案，围绕校本特色的创客教育类型，有针对性地建设环境空间、设施设备、服务平台等，突出学校在创客教育方面的改革创新，打造特色鲜明的创客教育。”

中小学创客空间建设由于受当地资金状况、创客教育发展水平、师资情况等诸多因素的限制，难以一蹴而就，因此，中小学校园创客空间建设应根据学校的实际情况、用途、经费和场地进行设计，量力而行，以方便、好用等为原则，分级选择建设，打造特殊鲜明的创客教育。校园创客空间不专属于某一学科，它是便于师生聚集的公共场所，因此，校园创客空间应体现出开放性理念、共享性理念、交叉性理念。在创客空间的建设上实现多元化、普及化。

1. 建设创客专用教室

根据学校自身的场地空间、用途以及经费预算进行创客空间规划，建设创客专用教学空间，满足创客教学活动的需要。建设创客专用教室时，前期的规划一定要做好，同时要留有“升级”空间和余地，以保证创客空间能跟上技术的更新换代，至少不会刚建完就被淘汰。

初级发展阶段可以主要实现“造物”功能，开始建设创客空间时，可以对现有的普通教室或者房间进行改造，能容纳 4 ~ 6 张工作台，能容纳一些体积较大的加工工具，比如激光切割机、3D 打印机等，学生可以在这个创客空间里自己动手进行“造物”，将自己的想法变成现实，基本实现创客空间的功能。

中期发展阶段实现“交流分享”功能，创客空间能够实现最基本的“造物”功能之后，可以考虑扩大创客空间，提供“交流与分享”功能让学校里的所有学生都参与。

后期发展阶段设计实现“校园创客文化”功能，以开放包容的思维和视野建设创客空间，将创客空间的整体设计风格与科创精神、校园文化相融合，使创客空间成为展示校园创客文化的重要场所。

2. 改建复合型创客教室

复合型创客教室是中小学创客教室建设的重要方式，主要通过改建或合理整合现有的教室，充分利用实验室、数字探究室、社团活动室、实训室、科技馆等校内外资源，并结合本校（地）办学理念和区域特色建设创客空间，降低建设成本。对于场地受限、经费有限的学校来讲，改建是较为合适的做法。

在学校创客空间建设中，要注重有效整合现有的资源，盘活闲散的资源，多快好省地完成学校创客空间建设。同时，学校应结合自身的办学水平、硬件设施、师资力量等各方面的条件，采用适合自己的可持续发展的运行管理模式。

第二节　创客课程的技术资源

创客教育改变了学校的教育内容，相应的课程体系也会发生变革。创客课程内容涉及范围广，像传统拼装模型、做手工等也可以说是创客。

一、中小学的创客课程体系

创客课程是一种综合性的教材，其实施载体的具体形态多种多样，而创客课程体系的构建与学校创客空间的建设是相辅相成的，如表 3.1 所示。所以说，创客空间的建设有利于推动创客教育在中小学学校的落地发展。

表 3.1　创客课程体系与学校创客空间建设基本要求

主题领域	创客课程	项目说明	空间配置
电脑设计	平面制作	按照明确的主题思想，使用电脑和相应平面设计软件，运用一定的技术手法进行海报、电子报刊、贺卡等创作	（1）用房面积一般不应小于一间标准教室；（2）满足活动需要的相关软件、书籍、电脑、数位板、工作台、多媒体展示设备
	动画设计	按照明确的主题思想，使用电脑和相应动画设计软件，进行益智小游戏、动画剪辑、公益影片、动态贺卡、科学实验等项目开发创新	
	程序设计	选用合适的编程语言或图形编程环境进行应用程序设计的项目	

续表

主题领域	创客课程	项目说明	空间配置
	影视创作	通过创意、编剧、导演、拍摄及剪辑、合成等技术进行微视频、宣传片、广告、电子相册等项目创作	（1）用房面积应满足学生创客活动需要； （2）配置演播室（≥ 40 m^2），拾音设备、高清摄像机、高性能计算机、混音器、非线性编辑系统。可选三维虚拟演播室、字幕机、提词器等
	VR/AR	VR/AR 互动体验及资源创作的项目	（1）用房面积应满足学生创客活动需要； （2）相关开发语言和工具、三维建模软件、书籍、开发手册、虚拟现实显示设备、电脑、工作台、摄像机、多媒体展示设备等
人工智能	机器人	结合硬件搭建、拼装，通过编写程序来完成特定任务的项目	（1）用房面积应满足学生创客活动需要； （2）书籍、创意机器人学习套件、机器人套装、无人机套装、开发手册、工作台、竞赛场地和附属装备、电脑、多媒体展示设备等
	无人机		
创意制作	创意智造	以开源软、硬件为基础，紧密结合学习和生活，对相关装备进行优化改造和创作的项目	（1）用房面积应满足学生创客活动需要； （2）书籍、各类 Arduino 学习套件、互动媒体技术学习套件、Scratch 测控板、小型焊台、传感器套件、3D 打印机、激光雕刻、激光切割、焊接、多功能电钻、多用锯套装、数字示波器、实验室工具套装、电脑、防静电工作台、创客书籍、视频、多媒体展示设备等
	3D 创意设计	按照自己的创作灵感，通过 3D 建模软件进行创作	（1）用房面积应满足学生创客活动需要； （2）基础知识技术资料、建模软件、切片软件、STL 数据处理软件、电脑、3D 打印机、材料、3D 扫描仪、工作台、激光雕刻等软硬件、多媒体展示设备等
	三模一电	航空航天模型、车辆模型、航海模型、无线电设计竞赛项目	（1）用房面积应满足学生创客活动需要； （2）书籍、工具箱、工作台、多媒体演示设备，橡筋动力模型、手掷模型飞机、火箭模型、弹射留空模型、直线竞速模型、水上任务模型等套材，无线电测向机、发射机、指北针等无线电测向套材等
	手工创作	以木艺、陶艺、纸艺、布艺、书画等为代表的手工创作项目	（1）用房面积应满足学生创客活动需要； （2）书籍、原料、工具、工作台、展示柜、多媒体演示设备等

续表

主题领域	创客课程	项目说明	空间配置
其他	学校可结合本校实际，开设其他特色创客项目，并为之配备相应的功能用房和设备设施		

基于创客空间的创客教育课程体系可以按照学校创客空间的建设情况分为三类：基础型课程、拓展型课程和研究型课程。

基础型课程为能够激发学生创新思维和创造能力的主题性创客教育课程，主要以计算机软件为主，相比于硬件而言，软件的安装和使用相对较为简单，容易实现普及推广，以接纳更多的学生参加创客活动。拓展型课程则注重提升学生的物化能力，将创意思维物化为成品，这就需要其开辟另外的上升通道和空间，为那些有兴趣、有诉求提升自身创客水平，拓展自身能力的学生创客服务。研究型课程顾名思义是带着研究和计算的思维去创造，结合时下流行的人工智能来设计和创造作品，作品的设计和使用具有一定的创意和生活意义，这不止需要工具与材料，还有一个共享资源和知识的空间，满足精英学生创客的个性化需求。

二、创客课程的技术支持

（一）3D 打印技术

学习 3D 打印技术的过程可以提高学生的科技素养。同时，利用 3D 打印机打印出来的立体模型，能显著提高学生的设计创造能力。几乎在所有中小学学校的创客空间建设方案中，3D 打印技术都是必选项目。没有比 3D 打印技术更适合造物的了。3D 打印是快速成型技术的一种，是一种以数字模型文件为基础，运用粉末状金属或塑料等可黏合材料，通过逐层打印的方式来构造物体的技术。3D 打印的主要设备是 3D 打印机、3D 打印笔。其中，3D 打印笔较为简单、便宜，通过挤出热熔的塑料，然后在空气中迅速冷却，最后固化成稳定的状态。

1. 3D 打印笔

3D 打印笔降低了制作作品的难度，可以结合学科开展教学，通过开发实物模型（教具），让学生更好地理解学科内容。借助 3D 打印笔，学生初步感知从平面到立体的过程，如图 3.2 所示。

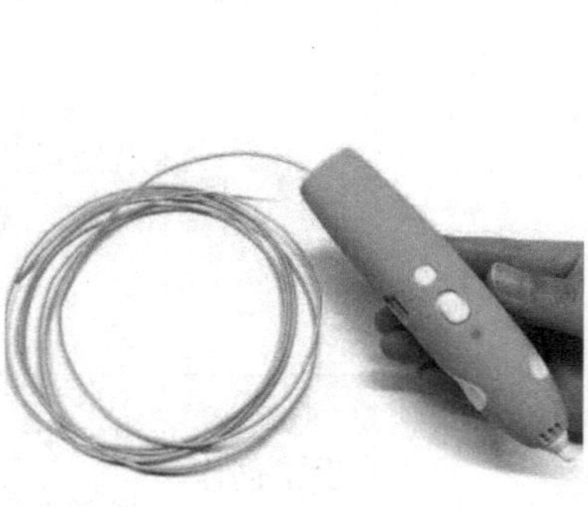

图 3.2　3D 打印笔

2. 3D 打印设计

学生利用 3D 设计软件（如 3D One、Maya、纸艺大师等）

画出自己设计的作品，并用 3D 打印机打印出来，如图 3.3 所示。

图 3.3　3D 打印机

3. 激光切割机

学生利用绘图软件画出自己设计的作品，并使用激光切割机切割出来。

（二）3D 打印材料

对 3D 打印来说，耗材是打印能否成功的重要因素。3D 打印机的耗材必须经过特殊处理，对材料的固化反应速度要求也很高。常见 3D 打印材料如下：

1.ABS 塑料类

ABS 是 FDM（熔融沉积制造）最常用的打印材料，目前有多种颜色可以选择，是消费级 3D 打印机用户最喜爱的打印材料。

2.PLA 塑料类

PLA 塑料熔丝也是一种非常常用的打印材料。PLA 是一种对环境影响较小的热敏性硬塑料，可再生资源（淀粉）的衍生物，具有非常好的打印特性，无刺激性气味，打印出来的硬度和强度都不错，可降解，是一种环保的材料。

3. 亚克力类材料

亚克力又称 PMMA 或有机玻璃，由有机化合物甲基丙烯酸甲酯单体（Methyl Methacrylate，MMA）所制成的 PMMA 板，其透明与透光度如同玻璃一般。亚克力材料外观优美，易加工，易染色，具有较好的耐磨性，透明性，耐高温性和化学稳定性。目前，利用亚克力材质，可以打印出牙齿模型用于牙齿矫正的治疗。

4. 树脂材料 (Resin)

树脂通常是指受热后有软化或熔融范围，软化时在外力作用下有流动倾向，常温下是固态或半固态，有时也可以是液态的有机聚合物。由于其成型精度比 FDM 高，因此，可以作为生物模型或医用模型。

5. **尼龙铝粉材料** (Alumide)

尼龙铝粉就是在尼龙的粉末中掺杂一部分铝粉，通过 SLS 技术进行打印，使打印出的成品具有金属的光泽。这种材料经常用于装饰品和首饰的创意产品的打印中。

（三）常见的开源硬件

开源硬件技术的发展迅速，产品众多，种类齐全，下面介绍几种常用到创客课程中的开源硬件。

1. Arduino

Arduino 的面向对象从初学者到高阶玩家都合适。Arduino 是一套便捷、灵活、容易上手的硬件开发平台，它包括多种型号的 Arduino 控制主板，和专用编程开发软件 Arduino IDE。Arduino 省略了很多烦琐的底层开发，让人们可以专注于功能实现，快速地开发出智能硬件原型。Arduino 板只是一块核心板，如图 3.4 所示，需要跟各种传感器和配件进行组装搭配。

图 3.4　Arduino 主板

Arduino 硬件中没有操作系统，只能存储一段特定功能的控制程序，在计算机中编写控制代码，经编译后烧写到 Arduino 控制器中，Arduino 具有丰富的接口，能通过各种各样的传感器来感知环境，通过控制灯光、马达和其他装置来反馈、影响环境。Arduino 没有复杂的单片机底层代码，没有难懂的汇编，只是简单而实用的函数，而且具有简便的编程环境 IDE，极大的自由度，可拓展性能非常高。标准化的接口模式为 Arduino 的可持续发展奠定了坚实的基础。

Arduino 的诞生在开源硬件中具有里程碑意义，很多开源硬件都是在 Arduino 的基础上发展而来。Arduino 适合度广，从初学者到高阶玩家都合适，被公认为创客课程中的造物神器，成为备受创客们欢迎的开发工具。

2. Micro:bit 板

Micro:bit 面向的是没有任何基础的初学者或者儿童。Micro:bit 是一款由英国广播电视公司（BBC）推出的专为青少年编程教育设计的微型电脑开发板，如图 3.5 所示。Micro:bit 是一款袖珍计算机，集成了蓝牙、2.4G 通讯、陀螺仪、指南针、LED 等常用的传感器和显示器。Micro:bit 可以通过鳄鱼夹与各种电子元件互动，可以使用 MicroPython、Java 等编程语言进行编码、自定义和控制，做出声光互动、机器人控制、科学实验、可穿戴装置等开发，将数字思维、游戏和应用程序融入生活；可以通过易于使用的软件对每个元素进行完全编程，操作超级简单，并且代码编辑器有多种语言可供选择；具有无线扩展器和传感器，可以进行跨学科整合应用。

图 3.5　Micro:bit 板

3. 掌控板

掌控板的面向对象为青少年。掌控板是由中国创客教育专家委员会推出的一款教学用开源硬件，委托创客教育知名品牌 Labplus 盛思设计、制造与发行，是国内第一款专为 STEAM 教育及编程教育而设计的开源硬件，如图 3.6 所示。掌控板是一块 MicroPython 微控制器板，配置 128*64 的 OLED 屏幕、内置加速器、按键、触摸引脚、声光传感器、蜂鸣器等，能够很好地支持 mPythonX/MicroPython/Python 等软件上的功能。掌控板性能强大，不用外接模块就能实现很多功能，适合开发简单的趣味互动项目。

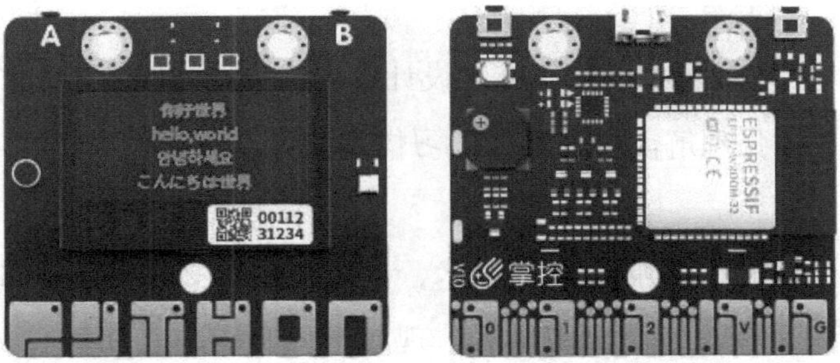

图 3.6　掌控板

（四）虚拟现实技术

虚拟现实技术是一种可以创建和体验虚拟世界的计算机仿真系统，它利用计算机生成一种模拟环境，使用户沉浸到该环境中。

1.VR 技术

VR 全称 Virtual Reality，即虚拟现实技术，又称灵境技术，具有沉浸性、交互性和构想性特征。通过 VR 技术，让人在感受真实世界逼真的同时，还能突破时空等条件限制，感受到进入虚拟世界的奇妙体验。

XRmaker 三维人工智能创意引擎软件是一款所见即所得的可视化编辑引擎工具。XRmaker 和 Scratch 一样，拥有完善的积木块程序，学习者不需要花费过多的时间用在学习枯燥的编程语言上，就可以快速有效地制作出漂亮的程序作品，并且支持在电脑、手机和各种 VR 设备、等多平台上运行和程序输出，配合激光切割机，学生可以自制 VR 体感交互传感器。XRmaker 不仅注重学生的编程知识学习，也注重学生思维创造能力的培养，通过三维空间和模型实现了无限空间下的创作，培养学生的空间构造力和想象力。

2.AR 技术

增强现实（Augmented Reality，简称 AR）技术是一种基于计算机实时计算和多传感器融合，将现实世界与虚拟信息结合起来的技术。这项技术是利用电脑技术将虚拟的信息叠加到真实世界，通过手机、平板电脑等设备显示出来，被人们所感知，从而实现真实与虚拟的大融合，丰富现实世界。简而言之，就是将本身平面的内容“活起来”，赋予实物更多的信息，增强立体感，加强视觉效果和互动体验感。采用 Geenee AR 和 Ready Player Me 之类的应用可以使这种体验成为现实。

增强现实设备多采用移动设备与 App 软件相结合的方式，App 有视 +AR、AR、4D 书城、幻视、尼奥照照等，另外，有多种增强现实图书都有相配套的 App，它们的原理都是采用手机摄像头获取现实世界影像，通过手机在现实世界上叠加虚拟形象的形式，实现增强现实的特殊显示效果。

通过虚拟现实环境改变学生探索、研究与设计事物的方式，加深学生数字化学习体验深度，提供激发学生好奇心、增强理解能力的终极学习体验。

3.MR 技术

MR 全称 Mixed Reality，即混合现实技术，是虚拟现实技术的进一步发展。它是通过在虚拟环境中引入现实场景信息，将虚拟世界、现实世界和用户之间搭起一个交互反馈信息的桥梁，从而增强用户体验的真实感。VR 是纯虚拟数字画面，而 AR 是虚拟数字画面加上裸眼现实，MR 是数字化现实加上虚拟数字画面，其关系如图 3.7 所示，虚拟现实 VR 是“无中生有”，利用 VR 设备模拟产生一个三维的虚拟空间，提供视觉、听觉、触觉等感官的模拟，让使用者如同身历其境一般，VR 中只能体验到虚拟世界，无法看到真实环境。增强现实 AR 是“锦上添花”，能把计算机生成的虚拟信息叠加到真实场景中并与人实现互动，AR 中既能看到真实世界，又能看到虚拟事物。混合现实 MR 是“实幻交织”，将虚拟世界和真实世界合成一个无缝衔接的虚实融合世界，其中的物理实体和数字对象满足真实的三维投影关系，MR 中难以分辨真实世界与虚拟世界的边界。

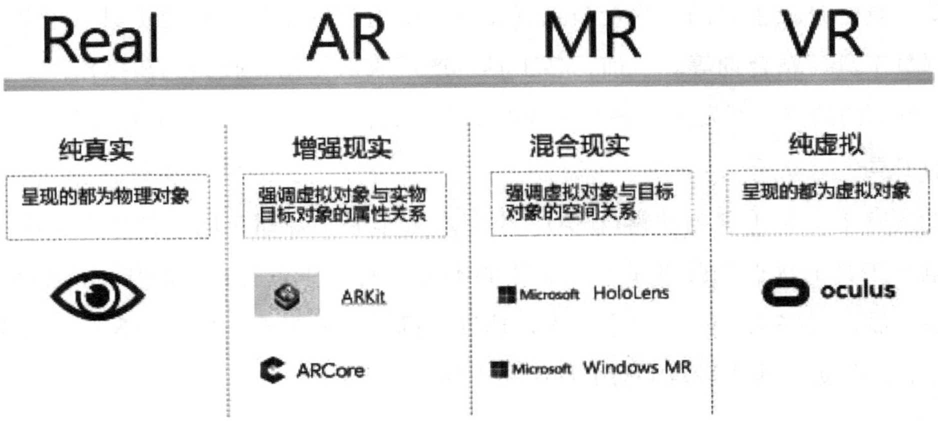

图 3.7　VR、AR、MR 关系

zSpace 是一个混合现实硬件和软件平台，如图 3.8 所示，硬件包括 zSpaceVR 笔记本、zSpace 300 VR 交互显示器、zSpace+3D 裸眼大屏等设备，zSpace 还提供支持高水准 VR 应用软件内容，内容覆盖了小学、初中和高中的生命科学、数学、物理、化学、历史、地理、地球与空间科学、艺术等多个学科，广泛适用于 K12 教育及高校、职业技术学校，结合了虚拟现实技术（VR）和增强现实技术（AR），为学生提供了沉浸、交互及仿真的体验，让学生在虚拟的三维空间中自由想象、创造、探索。

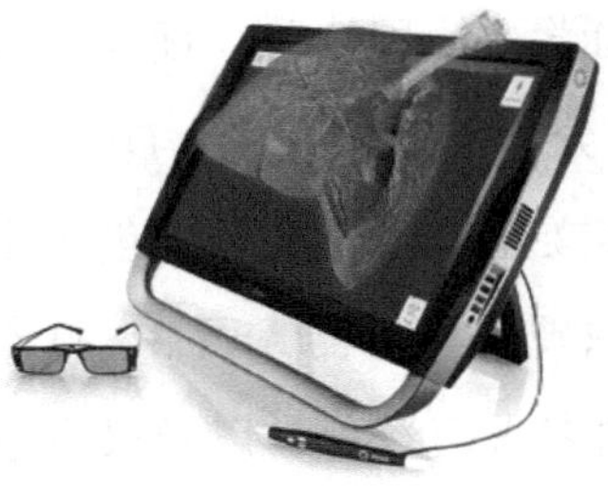

图 3.8　zSpace 设备

依托虚拟现实和增强现实技术为创客教育的载体，能够为学生提供生动、逼真的学习环境，学生能够成为虚拟环境的一名参与者，能调动学生的学习积极性。虚拟技术有针对性地建构虚拟情境，让学生进入问题存在的环境，为学生提供可以与他人分享的沉浸式体验过程，通过自主探究、跨界融合、团队协作、开拓创新来提升核心素养。

（五）常用工具

1. 手动工具

手动工具是不需要额外动力源的工具，是我们日常生活中应用最广泛的工具，在创客空间中，手动工具也是最主要的工具配备选择。常用的有夹取工具、打磨工具、组合工具、切割工具、测量工具、粘合剂等。目前，各工具生产厂家从使用、收纳的角度出发，一改过去工具零散、单一的缺点，开发出了各式各样的组合工具，为用户提供了极大的方便。

2. 电动工具

电动工具有手电钻（含电动螺丝刀）、小型木工车床（普通车床、铣床、钻床、刨床）、电锯等。电动工具的优点是弥补了手工制作的不足，使操作更省力，制作的产品精度更高。但缺点也很明显，这些工具往往功率较大，速度较高，因此具有一定的危险性，此外，在很多操作场合下，电动工具并不如手动工具使用方便。

三、创客社区及创客赛事

（一）创客社区

创客社区资源不仅为创客教育的开展提供了大量的学习教材、案例，还提供了作品分享、交流的平台。

1.DF 创客社区

网站地址：https://mc.dfrobot.com.cn/

DF 创客社区是 DFRobot 公司的线上创客资源社区，是一个线上的创客学习和交流的平台，用户可以在社区里分享创客项目和学习使用体验，面向创客和想要成为创客的人们，让用户可以在线上进行交流、合作，一起分享创造的喜悦。DF 创客社区致力于发现和分享有趣的创客项目和易用的学习教程，为创客文化的普及和降低创客学习的门槛提供了一个全新且高效的渠道。社区结合 DFRobot 在开源硬件、机器人及 3D 打印领域的技术、研发专业优势，为用户提供了一系列严谨且易用的创客入门教程，以及极具创意和启发性的开源创客项目，让用户在线上就能获得高质量的学习体验。

DF 创客社区除了提供丰富的学习教材，还提供了社区论坛，论坛热门内容包括：Arduino、Mind+、Micro:bit、掌控板、LattePanda、机器人、IoT 物联网等。同时，DF 创客社区还提供了产品资料库和产品商场，为用户提供一体化的解决方案。

2. 3D One 青少年三维创意社区

网站地址：https://www.i3done.com/

i3DOne 青少年创意社区和 3D One 系列软件，专注中小学人工智能、三维创意设计、3D 打印、激光切割等创新教育领域，以核心技术软件、活跃的用户社区、整体解决方案服务全国中小学校和师生。青少年三维创意社区（简称 i3DOne 社区）是以“人工智能与编程”“三维设计与打印”“创客实践与智造”“劳动教育与实践”为核心的学习、交流、分享平台，集课程、培训、认证、赛事活动、教学管理为一体，全方位服务科创教育师生。i3DOne 社区具有庞大的 3D 模型库、创客课程库、人工智能资源。

3. 山东省学校创客空间服务平台

网站地址：https://www.sdmakers.cn/

该平台由山东省众创教育研究院承担，集管理、竞赛、培训、展示、分享、超市各种功能于一体，为全省中小学学校创客空间提供全方位服务。

4. 创客教育

网站地址：https://makered.org/resources/

一个关于创客教育的非营利组织，该机构致力于创造更多的机会帮助年轻人通过制作活动建立起关于科学、技术、数学和艺术的自信、兴趣和创造力。创客装备、青年创客、开放式投资项目和专业发展工作坊是该机构全面推进创客教育的 4 大项目。资源图书馆收集了大量科技项目制作的资源，并按照术语表、起步、案例、项目规划与管理、工具、项目和学习方法等划分类别，用户查找起来很方便。例如，在“项目规划与管理”类别下，网站提供了课内外环境开展创客教育的不同程序，帮助教育者规划如何在一年内进行学生、项目进度、耗材和安全性管理等。

5.MakerBot 教育

网站地址 http://www.thingiverse.com/curriculum/designs

打印机企业 MakerBot 公司开发的 3D 打印教育社区，通过有趣的内容帮助用户发现、制作和共享 3D 打印。网站建设课程资源的核心目标是要让 3D 打印不仅局限于技术本身，还要融入课程，因此，课程建议中根据每项作品的特色给出科学、技术、数学甚至是人文学科方面的教学建议，是绝佳的 3D 打印跨学科教学指南。

6. 创意作品分享社区

网站地址：http://www.instructables.com

起源于美国麻省理工学院媒体实验室的创意作品分享社区，是创客的热门聚集地。在这个社区里，任何人都可以通过文字、照片和视频来探索、学习并分享不同的创意和项目，教师和学生可以利用该平台开发和丰富项目创意。网站分为探索、创造、竞赛和社区 4 大板块。在探索板块，用户可以根据自己的兴趣选择技术、游戏、家具等不同的主题，也可以看看最近网友的热门创意。网站定期组织不同类型的比赛来积聚人气，并通过小组、论坛和问答等不同形式来加强共同创作爱好者的交流。目前网站已经开发了适用于安卓和 iOS 系统的 App，适用于手工创作爱好者。

（二）面向中小学的创客赛事

虽然创客活动在中小学算得上遍地开花，但面向青少年的创客比赛还不多，具体如表 3.2 所示。

表 3.2 面向中小学生创客类的全国性竞赛

编号	竞赛名称	主办单位	竞赛面向学段
1	全国青少年人工智能创新挑战赛	中国少年儿童发展服务中心	小学、初中、高中、中专、职高
2	全国中小学信息技术创新与实践大赛	中国人工智能学会	小学、初中、高中、中专、职高
3	世界机器人大会青少年机器人设计与信息素养大赛	中国电子学会	小学、初中、高中、中专、职高
4	全国青少年无人机大赛	中国航空学会	小学、初中、高中、中专、职高
5	全国青少年科技创新大赛	中国科协	小学、初中、高中、中专、职高
6	全国青少年航天创新大赛	中国航天科技国际交流中心	小学、初中、高中、中专、职高
7	中国“芯”助力中国梦——全国青少年通信科技创新大赛	中国通信工业协会	小学、初中、高中、中专、职高
8	全国青少年劳动技能与智能设计大赛	中国自动化学会	小学、初中、高中、中专、职高
9	“我爱祖国海疆”全国青少年航海模型教育竞赛	中国航海模型运动协会	小学、初中、高中、中专、职高
10	“驾驭未来”全国青少年车辆模型教育竞赛	中国车辆模型运动协会	小学、初中、高中、中专、职高

下面介绍几个比较有影响力的赛事：

1. CM3 国际青少年创客挑战赛

CM3 国际青少年创客挑战赛简称“CM3 挑战赛”，由中国电子学会现代教育技术分会创客教育专家委员会发起，是一项旨在激发青少年加强科学与技术兴趣、培养中小学生跨学科解决问题能力的国际赛事。

CM3 国际青少年创客挑战赛中“C”是创客拼音的首字母，“M3”是创客（Maker）、马拉松（Marathon）和竞赛（Match）三个英语单词的首字母，这是面向全球征集学生参加的比赛，参赛学生将以混编方式随机组成 6 人挑战营，在限定的时间内围绕现场公布的大赛主题完成团队破冰、项目设计、作品制作、成果路演等内容，鼓励学生们团队协作，用科学的方式在导师的指导下去调查研究并动手设计、加工、搭建、编程，最终形成挑战作品。大赛邀请国内外知名创客教育专家、高校教授组成评委团队，从挑战营项目作品的创意、完成度、技术难度及挑战营的团队协作等内容进行过程性的综合测评，并根据挑战营在作品路演环节中所展现的创造力、工业设计、商业价值、安全管理、媒体宣传等要素评选出最具核心价值的团队奖项及个人奖项。

2. 全国中小学电脑制作活动

全国中小学电脑制作活动由教育部主办，中央电化教育馆和中国移动通信集团有限公司等单位承办。每年 3 月省内评选；每年 4 月全国评选；每年暑期全国评比入围者面试。竞赛涵盖门类较多，基本上是艺术设计和技术的结合。

竞赛内容：主要是数字创作类、计算思维类、科创实践类三大类为主，每一类又分不同的项目进行竞赛。

竞赛方式：电脑制作活动为个人参赛，每人限报 1 件作品。由各省组织评选并按要求限额推荐作品参加全国评比，包括作品技术测试、网上公示、专家评选、作者面试。7 月份，以夏令营形式进行现场比赛和颁奖。

3. “童创未来”全国青少年人工智能创新挑战赛

“童创未来”全国青少年人工智能创新挑战赛由中国少年儿童发展服务中心主办，是一项着眼于切实发挥赛事素质教育导向作用，培养具有创新创造意识的时代新人的综合性中小学科技创新赛事。致力于引导与培养青少年对科学的兴趣、了解科学知识与掌握科学办法，形成一大批具备科学家潜质的青少年群体。大赛共设有七个赛项。

（1）RoboMaster 机甲大师青少年挑战赛。青少年系列赛包含：使用 EP 机器人参与的青少年对抗赛、使用 TT 编程无人机参与的青少年任务赛无人机迷宫赛、使用 TT 及 EP 参与的青少年任务赛、AI 核电救援赛、使用 S1 机器人参与的全民挑战赛。

本赛事着重培养青少年的工程理论知识与人工智能实践能力，帮助青少年完成从机器人基础、程序设计到人工智能、机器人控制原理的知识进阶，并通过竞赛的形式，考查学生的临场反应能力、发现问题和解决问题的能力。

挑战赛将根据主题设计模拟场地，要求参赛青少年通过设计操控全 / 半自动运行的智能机器人完成规则限定的任务，并在模拟场地上进行竞技。

（2）云智 ENJOY AI 智能搜索挑战赛。该赛项要求参赛青少年基于人工智能相关知识和规则，综合运用大数据、机器视觉、自动规划、智能搜索、程序设计、智能控制、语言和图像理解等有关知识，围绕特定主题设计开发模型作品，完成规则限定的任务。

（3）少儿编程创作与信息学专项赛。为考察青少年对计算机编程和信息学等有关知识的综合运用，设置了该项赛事。赛事分图形化编程低龄组、图形化编程高龄组、Python 组、C++ 组四个竞赛组别。参赛青少年将运用规则限定的计算机编程工具和语言，围绕特定主题，设计创作编程作品，并通过向评委进行作品展示和问辩的形式进行竞赛。

（4）三维程序创意设计专项赛。虚拟现实（VR）是多媒体技术的终极应用形式，它是计算机软硬件技术、传感技术、机器人技术、人工智能及行为心理学等科学领域飞速发展的结晶。为了培养青少年的创意能力，考察其对计算机编程、虚拟现实技术等有关知识的综合运用情况，设立了该竞赛项目。

参赛青少年将利用三维设计与编程的相关软件工具，围绕特定主题，设计创作可以在虚拟现实设备上沉浸浏览的三维程序作品，并通过向评委进行作品展示和问辩的形式进行竞赛。赛项为个人赛，不设置团队赛。每人最多可有 1 名教练老师，多名学生的教练老师可以重复。

（5）单片机创意智造挑战赛。该赛事要求参赛青少年基于单片机、传感器、3D 打印机、激光切割机和相关电子元配件，运用人工智能、编程、电子技术等有关知识，在 2 天时间内按照提交公布的设计主题，以创客马拉松形式使用现场提供的器材，通过电脑编程、硬件搭建、造型设计等创作实物模型作品，并通过向评委进行作品展示和问辩的形式进行竞赛。编程平台可以是 Mind+、MakeCode 或 Kittenblock 等。

（6）智能机器人综合挑战赛。要求参赛青少年基于人工智能有关知识和规则，运用机器人、电子技术、信息技术、机械工程和编程等有关知识，完成规则限定的任务，在规定场地上进行竞技。

（7）机器人资源收集专项赛。要求参赛青少年围绕资源收集的主题，根据模拟场地的实际情况，运用人工智能、电子技术和编程等有关知识，设计拼装可以执行任务的机器人模型，并与其他团队进行竞技。

第三节 培养创客师资力量

随着创客运动在全球范围内火热兴起，创客教育在全国各地如火如荼地开展，“创客教师”作为一类新的教师群体应运而生。教师是学校推行创客教育的中坚力量，“谁能胜任创客教师角色”“创客教师应具备什么知识结构”成为培育和发展这一特殊教师群体亟待解决的关键问题。创客教师作为一类特殊的教师群体，兼具“创客”和“教师”的双重身份。

一、创客教师的能力要求

创客教师是具备独特跨学科专业素质，能够综合创客教育理念，创新地研发创客课程资源，设计创客教育活动，指导学生将创意转化为作品的教师。创客教育的实践活动具有高度复杂性，对创客教师的智力和体力都提出较高的要求，要求创客教师具有多学科知识的综合能力、实践能力，还需要较强的创新能力。目前，对于创客教师的能力并没有具体的标准，有关创客教师专业素养的研究主要集中在能力结构方面，李彤彤等（2017）从“能力”视角，提出创客教师应该具备专业精神、专业知识、专业技能。赵姝等（2018）从“胜任力”视角，从知识结构、教学技能、职业素养和性格特征四个维度构建创客教师的胜任力体系。闫志明等（2021）从“行为”视角，认为创客教师应具备规划能力、教学能力、竞赛指导能力、空间建设能力和专业发展能力。这些研究，从不同视角“整体性”勾勒了创客教师应该具备的能力或素质。考虑现实中中小学创客教师的实践活动丰富，其能力较传统教师而言也增加了很多新的内涵。

（一）创客教师的能力及知识结构方面

1. 创客规划能力

中小学的创客教师往往要肩负起学校创客规划的重担。创客教师研读国家政策，关注创客教育发展前沿，了解本地区外的创客教育状况，并在此基础上分析本地区创客教育的区域优势，如地方政策支持、企业支持、区域风俗文化等。还要了解学校未来发展整体规划，在此基础上，规划好学校创客教育发展的蓝图。规划的具体内容包括学校创客愿景、资金预算、设备筹划、团队组建、活动规划和激励政策等方面。

2. 创客教学能力

创客教学能力是创客教师完成创客教学工作所具备的一种综合能力，包括“创客课程开发能力”“创客教学实施能力”“创客教学评价能力”。

（1）创客课程开发能力。创客课程开发能力要求创客教师能够通过规划开课方向、选择教学主题内容、设计配套教案、团队研讨审议、课程优化完善等途径开发贴近学生生活实际的创客课程。创客教师需要具备的专业知识包括造物过程所需的跨学科知识、创客文化知识和创客教育知识。创客教师需要为学生设计既贴合学生实际生活，又有助于发展学生创造能力的课程内容体系，并开发与之配套的教案、教材等各类教学资源。

（2）创客教学实施能力。创客教学实施能力要求创客教师能够在教学过程中引领学生学习基本知识与技能，向学生示范造物过程并为学生的造物活动提供指导，组织学生创客作品的展演与分享，同时利用各种资源工具来支持学生的创造活动。

（3）创客教学评价能力。创客教学评价能力要求创客教师能够对创客教学的效果进行评估，包括评估教学目标、教学内容和教学资源等。

3. 竞赛指导能力

竞赛指导能力是创客教师在带领学生备赛、参赛过程中为学生提供全程指导以营造良好竞赛环境的能力。

4. 空间建设能力

空间建设能力是创客教师设计、建设、运行、维护创客空间的能力。空间设计能力要求创客教师能够结合创客理念和学校特色设计出合理的创客空间功能结构域，以及配备最适合的创客设备。空间运维能力要求创客教师能够制定创客空间的运营与管理制度，营造良好的创客文化氛围以及对设备进行维护与维修。

5. 专业发展能力

专业发展能力是创客教师不断更新专业结构、提升专业水平、实现可持续发展的能力。自主提升能力要求创客教师能够通过制定发展目标与职业规划、自主学习、参加比赛与培训、在职进修等途径谋求自身能力发展，并且能够通过撰写创客教育相关论文、承担有关课题等途径来提升自己的问题解决能力和学术素养。沟通合作能力要求创客教师能够与同行教师、学术专家、区教研员、企业技术或研发人员等建立协作关系，共同设计创客活动，抑或彼此间进行经验交流与分享讨论。组织引领能力要求创客教师具备一定的领导力，能够调动同事参与创客，组建跨学科的创客教师团队，以及组织区域性的创客教师培训以实现协同发展。

（二）创客教师创新素养结构

1. 创新人格

创新人格是指教师所具备的与学生创新素养发展密切相关的内部倾向和心理特征的总和。创新人格是教师创新的源泉与动力，也是教师创新素养提升的高阶目标。

2. 创新思维

创造性思维一般包括发散思维和辐合思维。创新思维是创造性思维和批判性思维的综合运用，是教师创新素养提升的核心目标。

3. 创新学习

创新学习能力主要包括技术感知力、自主学习和迁移能力。所谓技术感知力是指教师对社会新兴技术或工具的敏感意识与探究精神。自主学习能力是教师根据教学需求所具备的自我导向、自我激励与自我监控能力。迁移能力是指教师能够灵活运用各种新兴技术、工具、资源或知识有效指导学生进行创新实践活动。总之，创新学习是创客教师的必备素养之一，也是教师开展创新教学实践的基础保障。

4. 创新知识

创新知识是指创客教师在创新实践过程中所必备的知识素养，是创客教师创新的基础。

5. 创新教学

创新教学素养主要指教师以创造学、创造心理学、创新教育理论等为指导，能够合理设计与引导学生进行创新实践活动的能力，主要包括创新课程设计能力、创新引导力和创新作品评价能力。

6. 创新实践

创新实践素养是将创意方案转化为创新成果的能力。

二、创客教师队伍的培养策略

创客教育教师要求有理论知识，也要求有实践知识，是学校创客教育活动的组织者。创客教育对教师的要求非常高，不仅需要掌握技术方面的专业知识，还需要进行角色转变，从普通的教授者转变为引导者、组织者。创客教育师资建设可以通过以下方面进行：

（一）加大政策支持

创客教师队伍建设始终面临着从学科教师转型为创客教师的现实矛盾，面临着成长为卓越教师的发展要求的压力。目前，创客教师面临着师资结构、培养机构、培养方式、资格认定、职称评定等专业发展困境。这就需要国家制定特定的创客教师专业发展的宏观政策和法律制度，以保障创客教师的专业发展。比如明确创客教师的专业标准，鼓励高等师范院校增设面向创客教育师资培养的学科专业。允许学校自主制定创客教师的培养方案与招聘计划，保障学校创客师资人才稳定而优质地流通。对在创客教育中表现优秀的教师，要在评先评优、晋职晋级等方面给予倾斜。从教育部门的政策层面促进师资建设更为有效。

（二）增加专业化培养

当前并没有专门从事创客教育的专业，目前开展创客教育的教师都没有专门受过创客教育方面的专业训练。作为未来教师的摇篮，加强师范院校创客教师的专业培养力度成为当务之急。在创客教师的培养策略上，采用“多导师”协同培养制度，由高校、中小学、社会、企业等多领域卓越人才联合培养，深化理论知识学习和创客教育实践融合。在创客教师的培养内容要求与时俱进的背景下，强化创客教师形成多类型、多层次、跨学科的知识体系。

（三）强化产学研用合作

创客理论知识和创客实践技能训练相辅相成，而产学研用合作是提升创客教师知识结构和专业技能的有效途径。为此，应构建高校、企业、科研院所和中小学四位一体的职后培养机制。通过产学研用的方式引入社会力量，比如，企业、志愿者通过合作提升创客教师的跨学科知识与技能，培养创客教师的造物实践能力，提升教师以产品设计为导向的高阶思维和创新文化素养。

（四）提升内转外培效果

鼓励学校中创新意识强、技术水平高的学科教师主动转型成为学校创客教师，广泛吸收信息技术、通用技术、物理、化学、生物甚至语文、外语、艺术等学科教师加入，成立由校长牵头的创客教育团队，同时增加创客教师的外出培训，不断提升创客教师专业素养和综合能力，逐步培养起一支跨学科、富有创新精神的创客骨干教师队伍。

（五）构建创客教师实践共同体

随着以云计算、大数据、物联网、人工智能、5G 等为代表的新一代信息技术的飞速发展，教师的培养模式已经由过去以个体学校为单位的建设和应用模式，走向了区校协同、跨区域协同甚至跨组织协同发展的新阶段。创客教育所强调的开源文化素养和造物能力，及其所要求具备的新技术性、跨学科性和实践性特征，对创客教师胜任力提出很大的挑战，通过内外合力促进教师共同体的构建，实现校内创客教师群体、区域创客教师群体、跨区域创客教师群体的有效互动。在平等协商、对话交流中，能更好解决教师在创客教育工作场景中的现实难题；在协同的过程中取长补短，实现资源共享、优势互补，推动创客教师群体由“边缘性”向“中心性”转变。通过构建中小学创客教师共同体，有助于教师提升以创新能力为内核的教研能力、专业能力以及沟通、交往能力等多方面能力。

第四章 创客课程开发

第一节 创客课程开发的理论依据

创客课程是创客教育生态体系的重要组成部分，创客课程开发是推动创客教育发展的重要力量，也是培养学生核心素养、实现素质教育的重要抓手。当前，创客教育的发展吸引了不少学者的关注，成为教育学术界炙手可热的研究课题，其中创客课程的开发是研究重点之一，而课程开发的理论基础也随着创客课程的不断壮大而逐渐丰富起来。同时，丰富的理论基础将为后续的创客课程开发提供更完善的指导，协助课程开发者更系统、科学地开发创客课程。

一、创新教育

（一）创新教育的观点

科技是国家强盛之基，创新是民族进步之魂。当今世界，科技发展突飞猛进，综合国力竞争日趋激烈，科技创新的重要性和紧迫性愈发凸显。在此形势下，要求教育理念、教学方式、学习环境、学习方法和学习实践朝向个性化、合作化、建构化、数字化、定制化等新的方向发展，对重塑教育模式产生革命性的影响。西方发达国家已经在教育方面积极开展应对，通过调整创新人才培养模式，在创新教育过程中，以个体化、多元化、生命化、差异化、民主化和实践化等为核心主题成为其教育的基本品质追求。

在我国，创新教育是中央教育科学研究所（现中国教育科学研究院）在 1998 年正式提出的理念，提高我国科技创新能力，建设创新型国家，首先要从教育这个源头抓起。创新教育的提出在教育界引起了很大的反响，并有效地推动了我国教育改革的进行。[①] 朱永新等在文章中指出："创新教育也就是根据创新原理，以培养学生具有一定的创新意识、创新思维、创新

① 华国栋．推进创新教育，培养创新人才 [J]. 教育研究，2007（9）：16-21.

能力以及创新个性为主要目标的教育理论和方法”。[①] 在具体实施上，创新教育有不同的形式，但最终目的是培养学生的开创性。[②]

（二）创新教育对创客课程开发的启示

为满足时代与社会发展的需求，培养适应第三次工业革命需要的创新人才成为各国教育改革的重点，各国都在寻求新的教育改革路径。在此背景下，创客教育进入大家的眼球，创客教育的本质是以实践性、非营利性和多样性的方式实现创新人才培养这一夙愿，是实现创新能力提升和创新人才培养的有效途径。因此，创客教育成为教育改革的重要方向，同时也指引创客课程开发要往培养创新人才的方面努力。

二、“做中学”思想

（一）“做中学”思想的观点

“做中学”是由约翰·杜威提出来的思想，其中蕴含着杜威对教育中知识与行动关系的认识。在杜威看来，无论是凭借感官刺激获得的单纯事实，还是依靠思考能力获得的抽象概念，都不是真正的知识。从行为的角度看，知识是“我们为了要解开困惑，按照我们设想自己与所生活的世界之间的关系，把意向化为有意识的举措”。[③] 亦即，知识产生于行动之中，人类在行动中利用理性力量实现知识的更新。从心理学层面来看，杜威认为观念既不是直接作用于感官的感觉，也不是深居理智之中的思想。观念是操作性的，是通过感官所获得的材料与产生这种材料的操作练习起来的知觉。[④] 这意味着知识离不开行动，只有借助有指导的行动，知识才能得以发展。

杜威没有给“做中学”下一个明确的定义，但是通过杜威对实验学校和一些进步学校的教育活动的描述，真实地呈现了“做中学”的教育场景。在杜威的实验学校中，最基本的教学方法就是活动。“做中学”的“做”是学生在活动中所进行的观察、实验和探究等操作行动，[⑤] 但杜威同时认为，单纯的活动并不能保证学习者“做”有所“学”，活动必须与有组织的课程内容相结合。因此，在活动过程中，杜威强调学生的注意力应当渐渐转向与这些活动

① 朱永新，杨树兵 . 创新教育论纲 [J]. 教育研究，1999（8）：9–15.

② 徐辉 . 创新教育的理论及其哲学、人类学基础 [J]. 教育研究，2001（1）：10–34.

③ 约翰·杜威 . 民主与教育 [M]. 薛绚，译 . 南京：译林出版社，2012.

④ 顾小清，权国龙，王华文，等 . 图示工具在协作学习中的应用——基于中美学生协作学习项目的研究 [J]. 开放教育研究，2014，20（6）：9.

⑤ 约翰·杜威 . 确定性的寻求：关于知性关系的研究 [M]. 傅统先，译 . 上海：上海人民出版社，2005.

相联系的知识体系。[①]“做中学”的“中”代表学生经验不断增长的活动过程，是一个学习怎么做事、边做事边理解的过程。[②]因此，“做中学”可以理解为在基于学生兴趣的生活化活动中，学生的经验通过智慧的操作性行动与系统的课程内容联系起来，借此增广经验、提升能力、学会共处，逐渐成长为身心健全的人。[③]

杜威“做中学”的思想意蕴为学校教育提供了三个方面的指导：（1）联结学校课程与社会生活，亦即把学校当作与更大的社会发生联系的雏形社会，教师通过创设反映社会生活的各类活动，以“做中学”的方式实现学校课程与社会生活的联结。（2）实现心智的自由发展，意指学习活动过程中，不应限制学生的身体活动，学生只有在亲身检验自己的想法的同时才能进行心智修养，因此，身体活动对身心自由的发展至关重要，鼓励身体活动才能实现心智的自由发展。（3）形成真正的民主社会共同体，是指师生之间、生生之间具有多元的共同利益和自由平等的交往，学习被看成在联合活动中一起做事，开放交流、同创观点、共同生活的过程。

（二）“做中学”思想对创客课程开发的启示

“做中学”的思想为我们思考创客教育的课程开发提供了理论支持。第一，创客教育的主题不仅主要来源于生活，而且重在表现生活。组织具有生活价值的创客教育题材，学生不再感到生活经验与学科知识之间的割裂，不再把知识当成一堆应付考试的符号，也不再视个人经验为毫无价值的亲身体会，打通了学科知识和生活经验的隔阂。[④]第二，创客教育要保证学生能够在创造活动中有身心合一的自由，学生能对整个活动负责，能自由选择主题、设计方案、制作产品。有自己的判断能力，在问题面前能独立思考并互相讨论，形成独具特色的创见，并用亲身行动检验各种想法。教师参与到活动中是为了“引导他们而非塑造他们。”[⑤]第三，创客教育主题应能鼓励学生相互交往、共同行动，为学生提供交流的机会，他们通过对话切实地理解他人，重新认识自己，最终达成共识和分工合作。创客教育使所有成员认识到人与人之间并不是彼此互不相关的，人们的相互交往与共同行动对于人类共同利益的实现具有重要意义。[⑥]

---

① 田友谊，姬冰澌．重识中小学创客教育：基于杜威“做中学”思想的审视 [J]. 教育科学研究，2019（12）：53–58，66.

② Fortmann-Roe, F.S. Insight Maker: A general-purpose tool for web-based modelling & simulation[J]. Simulation Modelling Practice and Theory, 2014，47：28–45.

③ 田友谊，姬冰澌．重识中小学创客教育：基于杜威“做中学”思想的审视 [J]. 教育科学研究，2019（12）：53–58，66.

④ 田友谊，姬冰澌．重识中小学创客教育：基于杜威“做中学”思想的审视 [J]. 教育科学研究，2019（12）：53–58，66.

⑤ 联合国教科文组织．教育——财富蕴藏其中 [M]. 联合国教科文组织总部中文科，译．北京：教育科学出版社，2014.

⑥ 田友谊，姬冰澌．重识中小学创客教育：基于杜威“做中学”思想的审视 [J]. 教育科学研究，2019（12）：53–58，66.

综上，“做中学”要求教学加强知行合一、学思结合，以变革育人方式。[①] 创客教育中的知识富有行动的特性，在行动过程中，个体将通过做中学，在体验与反思中迁移、应用和创新知识，并最终将知识纳入已有认知体系，丰富完善知识结构。[②]

三、体验式教育

（一）体验式教育的观点

体验式学习（Experiential learning）理论由美国社会心理学家库伯在杜威、勒温以及皮亚杰的学习理论基础上提出。[③] 该理论认为，任何学习过程都须遵循“经验学习圈”，包括经验（Experience）、反思（Reflection）、概念化（Theorization）与实践（Action）四个阶段，要求学习者从日常生活或他人构建的程序里获得亲身体验，并在此基础上进行反思、概括、讨论与评价，最终产生新的认知、情感或行动。[④]

体验式学习改变了以往传统教学中学生被动获取知识的学习方式，它主张学生要主动利用已有的知识和经验探索问题，获得新知。在这个过程中，学生需要从现实生活出发，通过发现问题、提出问题、研究问题、解决问题，逐步获得探索与创造的感性经验，并且在探索过程中增加知识储备、提高问题解决能力。体验式学习更加注重为学习者创造真实或模拟的环境和活动，强调学生作为学习的主体，通过个人在交互活动参与中获得的经验、感受、觉悟并进行交流和分享，然后通过反思再总结并提升为理论或成果，最后将理论或成果投入应用实践中，实现在体验和反思过程中成长与发展。[⑤]

（二）体验式教育对创客课程开发的启示

体验式学习理论与创客教育的核心理念不谋而合，对创课的设计与实施具有重要指导意义。创课课程的主题要给学习者亲身体验的机会，让学生在不断地探究、实验、检验的过程中，真正体验知识的创造过程和应用价值，获得个体在知识经验、技能方法以及情感上的成长和发展。教师要根据学生已有知识经验创设趣味化的、真实的问题情境，激活学生原有认知，

---

① 中华人民共和国教育部 . 教育部关于印发义务教育课程方案和课程标准（2022 年版）的通知 [EB/OL].（2022-05-16）[2023-05-10]. http://www.moe.gov.cn/srcsite/A26/s8001/202204/t20220420_619921.html.

② 赵慧臣，李琳 . 创客教育中知识与行动的关系研究：促进创新型人才培养 [J]. 电化教育研究，2022，43（12）：101-107.

③ 李文君 . 体验式学习理论研究综述 [J]. 教育观察，2012（4）：83-89.

④ 孙瑜 . 体验式学习理论及其在成人培训中的运用 [D]. 上海：华东师范大学，2007.

⑤ 杨现民 . 建设创客课程：“创课”的内涵、特征及设计框架 [J]. 远程教育杂志，2016（3）：3-14.

让学习者全身心投入，在观察、思考、探索、领悟、应用的过程中，深刻理解和建构学科知识。[①]

四、建造主义理论

（一）建造主义的起源与发展

建造主义（Constructionism）学习观由麻省理工学院西蒙·派珀特（Seymour Papert）教授提出。“建造主义”继承了皮亚杰“建构主义（Constructivism）”和杜威“做中学”理论，突出强调当学生在学习过程中构造出“真实作品”并与他人分享时，学生头脑中的知识建构可以更加高效地发生。这里的“真实作品”是指可以在现实世界中展示、探索、研讨、检验的实际物品，例如学生制作的沙雕城堡、乐高积木、计算机程序、多媒体作品等。这样的“构造”过程意味着学生与学习环境积极而又真实地对话，有助于建立起具体与抽象、经验与概念、感性与理性、实践与理论之间的桥梁，同时建构着学生与环境之关系的认知经验，学生与他人之关系的社会经验，以及学生与自身之关系的伦理经验。[②]

（二）建造主义的核心思想

建造主义（Constructionism）理论的核心思想是通过建造理解一切，强调通过设计或制作物品去建构知识。[③]与建构主义理论相比，建造主义理论更加强调学生对实在物品的创造，并把这种创造作为学习发生的主要载体。

建造主义认为，在学习过程中，学习者必须有意识地透过建造外在、可分享的人造物与知识建立个人关系。不仅如此，建造主义亦富含社会建构主义的意向，认为人际间的互动是知识学习的重要历程。西蒙·派珀特教授认为，好的教育不是如何让老师教得更好，而是如何提供充分的空间和机会让学习者去构造自己的知识体系。当孩子们在制作一些对自己有意义的作品时，如：做小机器、编故事、编程序或是作曲时，他们正处于学习知识的最佳状态。[④]

建造主义认为，知识不是简单地由教师传达给学生们，而是学习者主动的心智建构，学习者不仅是去获取创意，而且是去开发和实现自己的创意。虽然没有外在作品的创作，学习者仍然可以建构且表达知识。但是有更多的证据显示，借由外在作品的创作，学习者可以有

① 杨现民．建设创客课程：“创课”的内涵、特征及设计框架 [J]. 远程教育杂志，2016（3）：3-14.
② 陈刚，石晋阳．创客教育的课程观 [J]. 中国电化教育，2016（11）：11-17.
③ 王旭卿．佩珀特建造主义探究——通过建造理解一切 [J]. 现代教育技术，2019（1）：25-30.
④ 杨现民．建设创客课程：“创课”的内涵、特征及设计框架 [J]. 远程教育杂志，2016（3）：3-14.

更多互动以及分享他们所了解的事物及想法。①

（三）建造主义对创客课程开发的启示

建造主义是创客教育的重要理论基础，也是创课设计的关键性指导理论。建造主义主张通过不断制作来学习，让学生主动参与一些外在作品的创作，同时让他们有机会表达、分享自己的想法。学习者在实践创作中不断积累学习经验，最终内化为自身的认知体系，为以后更复杂的创新实践奠定基础。①因此，创客教育绝不是将固定的知识强行灌输给学生，而要在有效的课程计划基础上，通过灵活的课程设计，让学生积极参与，学会自主设计和创造制品，在此过程中生成较为完备的知识体系和创新、创造能力。创客课程设计时，应强调“造物”，即真实作品（实物化成果）的产出，强调“学习成果作品化”，注重实物化、可视化的成果带来的成就感，强调借助所创造的实物成果来分享、交流与反思。②

五、活动理论

（一）活动理论的观点

活动理论是苏联文化历史学派的主要理论之一，认为人的活动是心理学的重要研究对象。该理论着重关注人们参与活动、他们在活动中使用的工具、活动中和作者的相关关系、活动目的以及活动的客体或结果等。③

活动理论主要研究作为发展过程的不同形式的人类实践活动。活动理论认为，人类与社会、文化情境之间的互动是通过文化内涵、工具和符号中介实现的，框架包含主体、客体、共同体三个核心要素和工具、规则、劳动分工三个中介要素。④活动系统的六个要素形成模型如图 4.1 所示。

① 杨现民．建设创客课程：“创课”的内涵、特征及设计框架 [J]. 远程教育杂志，2016（3）：3–14.

② 李彤彤．创客式教学：面向核心素养培养的 STEAM 课程教学新范式 [J]. 中国电化教育，2018（9）：40–47.

③ 杨玉芹．网络信息寻求行为研究理论框架之活动理论 [J]. 远程教育杂志，2008（5）：19–23.

④ 戴维・H・乔纳森．学习环境的理论基础 [M]. 郑太年，任有群，译．上海：华东师范大学出版社，2004：93.

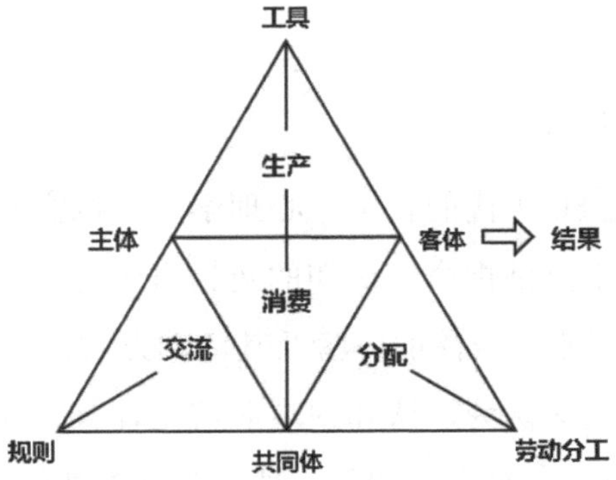

图 4.1　活动理论三角模型

根据第三代活动理论的创始人恩格斯托姆的观点，任何活动的产生都涉及一个主体、活动的对象、活动中使用的工具，以及影响结果的行动和操作。

任何活动的主体都是参与活动的个体或群体。在学习活动中，主体可以是学生和教师。客体受主体作用，激励活动的意图，最终产生结果是学习成果、学习目标或活动目标等；共同体可直接联系为学习小组；这里主客体和共同体之间的关系形成是通过“三角模型”的顶点起到中介作用。工具一般包括学习工具资源等；规则是监督共同体在学习活动中的规范学习；劳动分工则是在学习活动中教师与学生的各自的职能。[①]

（二）活动理论对创客课程开发的启示

创客空间中的活动与活动理论在主体、客体、共同体、工具、规则和劳动分工等要素上具有高度契合性。[②] 第一，创客教育活动的主体是指具有创造意愿的学习者，客体是开展活动的目标，可表现为物质或精神产品的创生或转变。因此，创客课程的主题设计需要引起学习者的创造意愿，形成学习者共同的活动目标。第二，所设计的创客课程活动，一般要以学习团队为基本组织形式，学习团队之间为了将创意转换成现实而开展一系列创造驱动的学习活动。第三，创客教育活动应蕴含共同体的理念、遵循共同体的特征。所设计的主题能够促使创客成员带着共同的目标愿望积极地参与到团队的学习中来，并在对思想和观念的内化、认同过程中形成团队价值、获得身份认同。第四，创客课程的设计中，应注意创客活动的分工合作，既能遵循共同的规则，又能提供自主发展的空间，为实现共同目标和个人成长提供不可或缺的精神和制度层面的保障。

① 孟丽．基于活动理论的机器人课程学习活动设计研究 [D]. 呼和浩特：内蒙古师范大学，2021.

② 万力勇，黄焕，范福兰．活动理论视域下高校创客空间的结构要素、演化规律与运行机制 [J]. 高等教育研究，2019，40（12）：81−89.

六、具身认知理论

（一）具身认知理论的观点

具身认知发端于20世纪80年代的哲学、心理学、人机交互、认知科学和神经科学等多个学科领域，它的基本含义主要是指个体认知的建构对于身体的依赖性，即“身体在认知过程中发挥着关键作用，认知是通过身体的体验及其活动方式而形成的”。[①]它是相对于“离身认知”而提出的。传统认知主义认为，认知的本质就是计算，大脑虽然长在身体上，但其功能却不依赖于身体而独立存在。[②]具身认知是一种强调身体过程与心智过程同一存在并密切关联的认知，其核心要义包括：认知过程的进行方式和步骤实际上是被身体的物理属性所决定的；认知的内容是由身体提供的；认知、身体、环境是一体的，身体存在于环境。

简单来说，具身认知理论认为，人们对世界认知的建立过程植根于身体与周边物理环境的交互之中，从经验到概念等抽象知识的认知过程，都是建立在物理的具身基础之上的[②]。具身认知理论认为，认知是身体与环境相互作用的结果，参与式学习要求实践主体应在实际的物理空间内有自己身体的直接参与，这是认知结构发生改变的前提条件，也是创新的基础；脱离身体实践的纯思辨过程难以触及事物的本质，创新将无从说起。[③]在创客空间内，所有活动都是以创客亲身参与的方式展开，个体要直接参与讨论、制作等，所以创客活动完全符合“具身学习”的要求。

（二）具身认知理论对创客课程开发的启示

具身认知理论打破了关于学习与认知的固有认识，有助于我们从新的层面理解认知与学习和实践之间的关系，为创客课程的开发提供了一个鲜活视角，帮助我们设计出更符合当下以及未来学习者特征的创客课程体系。

首先，创客课程开发过程中，需要考虑学习者身心参与的可能性。创客教育强调在真实项目、真实场域中学习与研究真实问题的解决方法，其学习过程必然要求身体在场。[④]同时，也要求学习者的心理在场，这就需要所呈现的项目、场域、问题等能引起学习者的共鸣或激发他们的兴趣，是他们真心想解决的问题，这样才能做到“身心一体”。

其次，从认知建构过程看，创客实践活动蕴含了多学科的陈述性知识和程序性知识。有

---

① 叶浩生．具身认知：认知心理学的新取向 [J]．心理科学进展，2010（5）：707–710.

② 杨南昌，刘晓艳．具身学习设计：教学设计研究新取向 [J]．电化教育研究，2014（7）：24–29，65.

③ 张春兰，李子运．创客空间支持的深度学习设计 [J]．现代教育技术，2015（1）：25–31.

④ 龙丽嫦．基于具身认知理论的创客教师实训策略 [J]．中小学数字化教学，2021（5）：72–75.

些陈述性知识，须通过听、看、闻、摸、做等行为进行真实环境感知、体感认知和操作感知，与操作物产生互动，经反复刺激形成认知。大量的程序性知识、隐性知识和技能，也需要置身于真实的问题情境中，通过教师点拨示范、观察模仿、动手操作和反复练习才可习得。[①]

由此可见，具身认知理论指导下的创客课程开发，要求以吸引学习者的项目、场域或问题作为主题，且要求课程设计中有提供给学习者不断操作、练习的机会。以达到知行合一的效果，与具身认知理论的“身心一元论”相契合。

第二节　创客课程的开发方式

创客课程是支撑创客教育顺利开展的重要力量，是推动教育改革，为社会培养创新型人才和高素质人才的重要途径之一。目前国内少数学校对创客课程进行了探索，并取得一定的进步，如北京师范大学开设的电子创客课程，温州大学的 Arduino 创意机器人课程、Touchbox 小创客课程等。[②] 但是，当下创客课程的开发还存在着诸多问题。

首先，从目前的情况来看，我国创客教育基本上还只是现有教育体系的一种补充，创客运动并没有向学校提供形成体系的课程，学校的创客课程构建呈现松散的状态。大部分学校的教师都缺乏创客教育的相关经验和专业素养，课程的开发能力受限。因此，在开展创客教育时，大多选择直接翻译国外的创客课程，或者直接移植其他地区的创客课程，在教学条件、教学环境、教学配套资源和学生学情均不一致的情况下，这样盲目照搬课程，容易导致教师和学生水土不服，教师教得吃力，学生也不知所学。

其次，在探索创客课程的过程中，也有学校逐渐意识到“拿来主义”的创客课程存在弊端，因此，不少学校开始组织教师自行开发创客课程，但因处于起步阶段，在摸索中难免存在不足。从开发的主体看，自然、科学、数学、物理、生物、艺术、信息技术、通用技术等学科教师成为主力军，但是，课程开发过程少有多学科教师共同合作，往往都是单科教师的单打独斗。因此，难免出现所开发的课程表现为不同科目的简单拼合，或者教师将原本分科的教材内容直接安置到创客课程的主题下的情况。课程内容仍然以知识为核心，科目之间机械的、简单的拼盘模式，整合程度不高，与现实问题脱节，失去了原本培养跨学科综合知识应用能力和

① 龙丽嫦．基于具身认知理论的创客教师实训策略 [J]．中小学数字化教学，2021（5）：72–75.

② 程明媚，曲殿彬．论具身认知理论视域下创客课程体系构建 [J]．教育与装备研究，2018（8）：3–9.

创新能力的目的。

经过不断探索，人们对创客课程的理解不断深入，再加上核心素养培养目标的逐步推广，创客课程的开发逐渐合理化和科学化。目前，我国创客课程的开发主要往项目化、本土化、多元化方向发展。

一、项目化

基于创客教育高度的实践性与创造性，创客课程的设置应该以项目为枢纽。传统教育割裂了学习活动与现实活动的关系，课堂教学与社会实践在一定程度上有所脱节，导致学习变得枯燥而机械。项目的引进则可以将这种传统知识转化成为有活力、有意义的生活问题。创客课程的开发可以将现实生活问题作为项目的学习目标，通过创客空间提供的准真实环境，改变以往“纸上谈兵”的做法，使学习者在对现实生活问题的解决过程中习得知识、提升能力。[①]

（一）项目主题的特征

当然，不是所有的生活问题都能激发学生的学习热情，其中最有吸引力的项目主题一定是学生感兴趣的。尽管兴趣不是创课设置的根本依据，但项目的设计如果能够有机地结合学生的兴趣，引导他们在一种趣味性的情境中探索知识、培养技能，将会获得事半功倍的效果。除此之外，学者马丁内斯（Martinez）和斯代格（Stage）认为一个好的创客项目需要具备以下八个要素：课题的切身性、课题的复杂性、充足的资源、互动和合作、高强度、合理的时间安排、可分享性和新颖性。[②] 这为我们开发创客课程，选择项目主题提供重要指导。

（二）项目主题的建构模式

创客项目主题的选择除了以上的依据之外，美国哈佛大学教授达德利·赫施巴赫将项目学习分为“相关课程模式”与“广域课程模式”两大类，而创客课程的项目主题建构在一定程度上可借鉴此两种模式。所谓相关课程模式，是指以某一学科问题为导向，在项目问题解决过程中引入其他学科内容，并最终解决该问题；广域课程模式，是指以生活问题与学生兴趣为导向，综合运用各学科知识直至最终解决问题，并形成实体研究成果。这两种课程模式，

① 李素芳．“互联网 +”背景下大学生科技创新教育研究 [J]. 学校党建与思想教育，2017（2）：60–62.

② Sylvia Libow Martinez & Gary S. Stage. 8 Elements of A Good Maker Project[EB/OL].（2014–10–08）[2023–05–10]. http: // www. Weare teachers.com/ hot–topics6 / special–reports / how–the maker–movement–is–transforming–education/8–elements–of–a–good–maker–project /.

各自都有自己的优势，但相比较而言，“广域课程模式”的跨越性和综合性更强，更容易激发学生的求知欲望，开发学生的创造性思维，宜于成为创课内容构建的主要形式。与此同时，“相关课程模式”因为体现出非常鲜明的逻辑线路，尤其是解决具体问题时的高度相关性，在学校创客教育尤其是起步时期的创客教育中具有重要的引导性和辅助作用。①

（三）项目主题与学习者特征

创客课程的项目设计体现了综合的课程观，通过知识跨越、技能互动的研究和探索让学习者的收获更加宽广和丰厚。但是，需要特别注意的是，这种多层次跨越性设计也需要符合特定的人才培养目标的科学依据，特别是不宜与学习者原有的知识和能力完全割裂开来。进行课程项目内容设计的时候，应该尽可能将学习者原有知识经验作为考虑因素，构建适度松散并具有相互关联性的课程子模块。

综上，多学科整合是创客教育的鲜明属性，再加上创客教育注重解决问题的实战导向以及培养开创精神的价值导向，以项目为核心的创客内容构建也就显得尤为适宜。创客课程的项目主题构建既可选择与有组织的课程内容相关，也可选择反映生活问题的主题，但无论是哪种内容构建模式，都需遵循学习者的知识与能力储备，注重创新意识的培养，创新知识的获取，创新能力的提升，创新实践的开展，形成科学的知识链和能力桥，组建完整、系统的创客教育课程体系。

二、本土化

在面向二十一世纪核心素养的教育改革浪潮中，鼓励学校和教师根据学校的教育哲学和地方的文化特色，开发具有本土特色的校本课程。校本课程依托于学校，立足于本土文化，有自己的课程开发理念、途径与策略，表现出多样性、灵活性、差异性和实践性等优点，与国家课程的基础性、统一性和稳定性具有明显的差别，成为国家课程的有效补充。创客教育作为“舶来品”，需要在中华文化和本土环境的浸润下才能由内而外地生长。

（一）融合本土传统文化的创客课程

中华民族有着五千年的悠久历史，在历史的长河中，我们发展出璀璨的传统文化。学习和传播优秀传统文化，是培养学生文化自信和国家认同的关键所在。2014 年，教育部发布《完善中华优秀传统文化教育指导纲要》，提出把中华优秀传统文化教育系统融入课程和教材

① 刘文良，刘旸沛筠 . 创客教育“创课”体系构建的困惑及对策 [J]. 教学与管理，2019（30）：82-84.

体系。[①] 创客教育强调创意与创造，而许多传统文化的外在表现形式就是创意与创造，两者具有异曲同工之妙。因此，创客教育是一个建立起课程与传统文化连接的很好的桥梁。一方面，传统文化为创客教育提供了丰富的题材，另一方面，创客教育又为传统文化赋予了新时代的意义。

文化是一种社会现象，是人类创造出来的所有物质和精神财富的总和。传统文化是指一个国家或民族的历史、地理、风土人情、风俗习惯、生活方式、文学艺术、行为规范、思维方式、价值观等。创客课程的开发可以从这些方面入手，寻找传统文化的功能、方法或媒材上的转化。

1. 功能上的转化

传统文化产品，有些为了满足人们现实生活的物质需求，有些为了满足人们的审美需求。在创客课程上，可鼓励学生发挥创意，由审美转向实用，或由实用转向审美，也可追求审美与实用共存。例如，刘老师和她的学生所在的学校，位于一个水资源丰富的城市，城市中间有一条河流穿行而过，为了通行方便，河面上建造了各式各样的桥梁，由于这些桥梁建造的年代不同，每座桥梁从形状到结构都各不相同，学生经常穿梭于这些桥梁之间，但也许极少有人去思考这些桥梁分别是什么结构，各自有什么特色。为了提升学生对本土传统文化的了解，以此培养学生热爱家乡的情怀，刘老师决定开发一个创课课程，让学生了解各种桥梁的结构，并设计一个具有地方文化特色的桥梁模型。每一个设计都需要在考虑结构、承重、稳定、牢固等因素的基础上至少结合一种本地的文化特色，让桥梁充满地域特点。在这个创客课程设计中，课程内容与地方文化达到了融合。学生不仅要对桥梁的力学性能和结构特性进行深入研究，而且还要深入了解家乡文化以寻找既合理又有特色的问题解决方案，既关注实用性，又关注其审美作用。

2. 方法上的转化

传统创意受限于时代技术及观念，一般采用单一、手工或繁重的方式。在新的时代，由于新的材料、能源的发现，新的技术的变革以及新的审美观的出现，必然促进其实施手段的变化[②]。例如，古代建筑中的榫卯结构，在古代讲究其牢固性，需要能工巧匠们利用一块块的木材，经过布局、画线、锯切、凿槽、铲削、打磨、拼装而成，大多应用在建筑物或家具结构中，费时费力的同时，还消耗了大量的木材。在现今的创客课堂，以榫卯结构中的燕尾榫

① 陈染．创客教育与优秀传统文化的融合 [J]. 中国科技教育，2019（4）：58–59.

② 林少雄．创客运动与传统文化的现代转型 [J]. 学术研究，2017（3）：43–47.

为例，可鼓励学生先在电脑上建立燕尾榫的三维设计模型，再利用 3D 打印技术，制作成相框、礼品盒等作品。① 既让学生感受了古代人民的智慧，又感受了中华传统文化的结构之美，同时也鼓励学生发挥创意，结合科技的力量，在保留传统的基础上实现方法的创新。

3. 媒材上的转化

传统的文艺作品，基本都拘囿于一种形态，面临难以保存或传承的问题。如文字与美术作品依赖于竹简、丝绸或纸质媒介，器具摆件依赖于陶瓷、金属或玻璃媒介，民俗、手艺等依赖于人。在创客课堂上，可以设计相关主题，要求学生利用现代科技，通过影像、视频、虚拟现实等媒介来实现传统文化的保存与传承。例如，在中国古代，元宵节的走马灯是具有传统特色的工艺品，由蜡烛、飞轮、剪影和支架四部门构成，点上灯内蜡烛后，产生向上运动的热空气，从而带动走马灯上方的飞轮转动，飞轮带动灯罩旋转，灯罩上的画面就会换物移景，别有一番趣味。在创客课堂中，可要求学生对传统走马灯进行改良，用积木代替传统的竹木，用 LED 等代替蜡烛，用电机作为动力来源。① 既使学生对传统文化有了多角度、全方位、全媒体的体认，感受传统文化的乐趣，同时也学会转换媒材的创意方法。

（二）融合本土自然资源的创客课程

创客教育的本土化发展，还可以考虑充分利用本土自然资源，开发适合全体学生的创客课程，让创客教育成为一种平民教育。尤其在农村学校，可以鼓励他们结合自身资源特点，开启在地化创客教育探索，挖掘农村教育潜力，缩小数字鸿沟，形成乡村文化自信，致力于农村学生创新能力的培养。

在地化教育理念可追溯到杜威的“做中学”思想，倡导学校教育与现实生活的结合，强调本地物质与社会环境对学生亲身体验的重要性。② 乡村的本土化产物，在资源的丰富性、文化的独特性、历史的价值性方面为课堂教学提供着丰富的教育内容与极佳的真实情境。这种以地方、社区为承载的教育被称之为在地化教育。应用到创客教育中，可理解为将创客教育置于地方场域之中，充分挖掘一方水土所蕴藏的环境资源，并基于学生的兴趣爱好、原有的生活经验和学习认知基础，培养学生的跨学科解决问题能力和创新创造能力。

融合地方环境资源的创客教育，可以通过加强学生对地方环境的探索与挖掘，引导学生对于地方农耕种植、民间社火和乡村工坊的参与、服务、改造和创新。例如，利用当地的农作物等原材料制作创客作品，应用各种技术工具生成解决农耕种植的方案等，都是创客教育

---

① 陈染．创客教育与优秀传统文化的融合 [J]. 中国科技教育，2019（4）：58–59.

② 季瑜，马晓玲．农村小规模学校实施在地化创客教育的现实挑战与逻辑框架 [J]. 教学与管理，2022（24）：51–56.

本土化的题材。

创客教育本土化的实践将促使创客教育由“输血式”和“外援式”转向“造血式”和“内生式”的模式，只有实现创客教育的内生发展，创客教育才能推陈出新、蓬勃发展，在为我国培养创新人才和高素质人才的目标上添砖加瓦。

三、多元化

信息技术的飞速发展导致知识更替周期缩短，而现有的课程知识存在着单一性、陈旧性和僵化性问题，忽视了对学生未来发展的作用；片面强调课程知识的科学性、基础性和专业性，忽视了创新性、人文精神和文化素养的融合。① 创客课程是以项目活动、主题探究或问题解决为主要方式，整合并优化跨学科知识与能力的一门综合实践活动课程。② 由此，创客课程在改善传统课程的单一性上具有优势，体现为课程的多元化特点。

创客课程开发的多元化，首先要求学校逐渐从封闭走向开放，构建创客教育生态系统，大力整合各方教育资源，走出学校、面向社会，联合学校与社区、科研机构、政府部门、创客组织等多部门，整个社会都可以成为学生学习的素材，创建开放的、多元的课程体系。例如，科学课程可以利用自然博物馆等校外资源，要求学生结合不同动物的生活习性与性格特点，以动物为主人公设计电影情节。既充分考虑学习者的兴趣，又激发学习者的创新意识，在无限的创意和想象中完成一次有效的创新体验。③

创客课程开发的多元化，其次要关注学生多元智能的培养。多元智能理论认为人的智能有八种，不同的学生有不同的优势智能和弱势智能。在学校的一般教育模式中，比较关注培养学生的数学智能和逻辑分析智能，这并不利于实现学生全面发展的目标。由于创客教育需要综合多学科的知识来解决真实问题，或利用多学科知识发挥创意进行创作，其本质是促进学生多元智能的发展。因此，在进行创客课程开发时，可考虑多学科的融合。例如，某老师设计了“利用身边的水果制作水果琴”的任务，这就需要物理与音乐的融合。学生要先决定自己要制作哪种乐器，如打击乐器或弦乐器，接着要利用物理的振动知识让水果发声，并利用自己选择的乐器特点、曲式分析知识、水果材质以及大小来调节乐器的音色。学生在动手实践的过程中构建起独特的音乐物理知识体系，既可以帮助学生构建个性化的智能体系，还

① 杨刚．创客教育：我国创新教育发展的新路径 [J]. 中国电化教育，2016（3）：8–13..

② 韩芳，陈珊．卡内基梅隆大学创客教育的课程开发：机构、途径与特征 [J]. 电化教育研究，2017（7）：110–116.

③ 王欣，李深，高春玲，等．基于多元科普载体逐步建立“创客空间”式教育实践形式——以大连自然博物馆为例 [J]. 自然科学博物馆研究，2017，2（S2）：21–25.

可以促进学生展开高效的跨学科学习。①

创客课程开发的多元化，第三要注重利于活动形式的多样化开展。创客主要指当代社会酷爱科技、富于创意、热衷实践的人群，创客运动以分享技术、交流思想为其乐趣所在，以创意孵化、技术实践、产品研发为其介入或促进社会、参与社会的行为。② 由此看来，创客课堂的产出不一定是物化产品的产出，因此也提醒创客课程开发者在构建课程时，任务的设置可从多个方面考虑，比如创意的产出、技术的改良、产品的研制均可。例如，在"矿物与我们的生活"这一课程中，可以设计"为保护矿物资源提出创造性的设想"的活动任务；在"太阳钟"一课，可以设计"应用材料完成自己的太阳钟制作"的任务。③ 不必拘泥于创作物的产出，接受活动的多样化与学习成果的多元化。

创客教育旨在培养学生的问题解决能力和创新创造能力，蕴含着跨学科的综合性学习，因此，也必然要求创客课程开发的多元化发展。同时，多元化也势必为新的教育形式研发与实施打开新思路，开辟新途径。

第三节　创客课程的整合趋势

创客教育在我国火热起来之后，创客课程的构建不断涌现。在经历了一段时间的摸索与实践的基础上，创客课程的开发主要呈现出与区域特色、学校文化、学科整合和学生需求相融合的趋势。

一、区域特色

在我国，北京、温州等城市最先开发创客课程，之后各大城市和学校纷纷效仿。但是，创客课程的重复模仿逐渐偏离了创新的本质，违背了区域发展的异质性特征，学生制作的实物在构造上和性能上的相似性高于创新性，背离了创客教育的本质。为解决这一问题，学者提出了如下的解决思路。

首先应回归区域创客教育本身，根据区域风俗文化制定具有区域特色的创客教育推进路

① 余海军．创客教育中的学科融合课程探索与实践 [J]. 试题与研究，2023（7）：35-37.

② 林少雄．创客运动与传统文化的现代转型 [J]. 学术研究，2017（3）：43-47.

③ 陈花．STEM 理念下的小学创客社团活动实践研究 [J]. 教育界，2022（25）：68-70.

径，[1]从而避免陷入被同化的境地。创客课程开发与区域风俗文化的融合办法，可详见本章的第二节内容。

其次，创客课程开发可以结合区域产业的特性，体现区域化的差异，如佛山市的陶瓷工业、南通市的船舶业很发达，创客课程可以结合区域特色，让学生了解产业相关产品的制作原理、流程、初级技术等，并能实践、创造类似的初级作品原型。[2]

立足区域特色开发创客课程可以避免资源的重复建设与创作产品的同一性，如潮汕地区的创客教育起步比较晚，但潮汕地方的区域特色非常明显，像潮州有国家级非物质文化遗产代表性项目 17 项、省级非物质文化遗产代表性项目 47 项，其中潮绣、木雕、剪纸、大吴泥塑、花灯、抽纱、嵌瓷、珠绣、手拉朱泥壶制作技艺、彩瓷烧制技艺等这些属于区域的特色产业和工艺。

譬如，潮州嵌瓷是以绘画、雕塑等造型艺术为基础，利用各种彩色碎瓷片剪裁镶嵌成形态各异的图案、形象，如图 4.2 所示，潮州嵌瓷主要运用的材质是陶瓷，利用瓷片剪切出不规则的形状，这种独有的材质属性赋予创作者诸多灵感，使创作者的技艺、激情和思想得以任意驰骋，极大地丰富了潮州嵌瓷的表现形式。

图 4.2　潮州嵌瓷

潮州剪纸以精巧秀丽为特点，题材广泛，有人物、花卉、鸟兽以及吉祥图案等。它制作简易、就地取材，具有鲜明的乡土特色。如图 4.3 所示，潮州剪纸一般都没有画稿，艺人凭自

① 傅骞，郑娅峰．创客教育区域推进策略研究 [J]. 中国电化教育，2018（5）：61–68.

② 梁森山．中国创客教育蓝皮书（基础教育版）[M]. 北京：人民邮电出版社，2016.

己的记忆和想象进行创作。

图 4.3　潮州剪纸

这些具有鲜明区域特色的传统文化，在设计所属学校创客教育课程时加以糅合。而互联网平台和新技术能够为潮汕地区的文化保护与传承提供技术支持和环境保障，结合 3D、AR、VR 等先进技术全方位立体展示潮汕地区的非遗文化。而通过校本的创客课程能够在潮汕地区的非物质文化遗产传承、创意人与初学者之间搭建交流的桥梁，有利于吸引更多的青少年一代加入保护与传承潮汕非物质文化遗产的大军中来，便于新一代的传承人获取原汁原味的文化内涵与技艺信息，让学生在创客课程学习的过程中，传承区域文化，也使各地区的创客教育呈现多样化，才是真正体现创新教育的本质，也是促进创客教育长足发展的必然选择。

二、学校文化

学校是创客教育的主阵地，不同学校开设的创客课程、创客项目以及项目内容不应千篇一律，而应合理地分析学校办学理念、办学定位与校园文化，打造具有学校文化风韵的典型性创客课程，从而使具有校园文化属性的创客课程带动校园创新文化的发展。

首先，结合学校自身的特长特色，如名校、名师，甚至学生团体的特点来设计校本化创客教育课程，比如某些学校以海洋为特色，在设计课程的时候将海洋元素融入课程（如船舶、海洋生物、海洋环境等）；又比如有些学校以高铁为特色，可以融入高铁技术、安全、运营等元素到课程中去；同时结合教师、学生的特点，如艺术、书法等特长也可以设计到相应创客课程中。[①] 例如，某学校是一所传统的体育特色学校，学生每天要进行一小时的校园体育活动。为了提供便利，学生可以在学校的体育馆内自行借用各种体育用具。但体育用具借用登记手续让体育馆的管理员分身乏术，甚至出现漏登、错登的问题。学校中信息技术课程老师发现

① 梁森山．中国创客教育蓝皮书（基础教育版）[M]. 北京：人民邮电出版社，2016.

此问题后，组织学生设计自主借用体育用具的机器，帮助体育馆管理员解决了问题，为学校的体育特色建设提供了促进作用。

其次，课程内容设置需要基于校本课程的课标，使得创客教育的内容与传统的校本学科进行有效结合，让学生不仅能够做出有趣、实用的科技小产品，同时可以起到预习与复习校本学科的作用，将应试教育与创客教育有效地结合，从根本上解决创客教育难以在学校推进的问题。[①]例如，蔡老师所处的学校位于海滨城市，城市中有一部分人是依靠打鱼为生，打鱼的渔民会面临在海上被困的问题，而海上被困最重要的就是获得淡水并等待救援。蔡老师在教学化学学科中的“水的过滤”的知识时，结合了学校所处地区的特点，引导学生制作一种可以收集雨水并进行过滤、紫外杀毒的浮标。学生在创作过程中既学习、巩固了“水的过滤”的学科知识，又实现了科技作品的创作，兼顾了对学生的学科知识和创造力的培养。

最后，创客课程主题可结合学校的实际问题进行创设，学生处在学校真实的问题情境中，容易产生深有感触的共鸣情感，在解决问题的过程中能更加投入，在完成创客作品时更有成就感。例如，周老师与她的学生所处的学校，每当放学时，很多家长开着车来接学生，造成了学校门口的交通拥堵现象。于是周老师带动学生共同思考如何改善这个现象，让学生更顺利地回家。周老师利用学校的校本课程，结合学校的实际需求，带领学生设计一个可以让家长有序排队并且方便快捷地接送孩子的校园接送停车系统。一个创客课程就此产生。不同的学校需要面对的实际问题不尽相同，在开发创客课程中，善于观察学校的特点，发现学校存在的问题，避免创客课程的主题千篇一律的情况。

创造本就是极具个性的行为，各校的创客教育也应呈现多向性而非齐一性，因此，应该鼓励各校根据学校文化和需求，精准定位，构建属于自己学校的创客课程。

三、学科整合

创客教育以信息技术的融合为基础，传承了体验教育、项目学习法、创新教育、做中学的思想。祝智庭教授深刻剖析了创客教育的本质，强调创客教育的整合性。[②]不难看出，创客教育不关注学科界限或将重点放在某个特定学科上，而是将核心、重要的工作放在特定的问题或项目的设计上。[③]

相应地，创客课程的设计也应打破学科界限，不再仅局限于传统的数学、物理、生物等

① 薄丽娜．STEAM教育理念下中小学创客课程教学模式的探究[J]．中国教育信息化，2018（4）：36-39.

② 祝智庭，孙妍妍．创客教育：信息技术使能的创新教育实践场[J]．中国电化教育，2015（1）：14-21.

③ 白浩，席春荣，周青．面向学科整合的创客教育实施路径探索[J]．中学物理教学参考，2016（21）：2-5.

单一的课程模式。因此，创客课程的内容体系需要具有较强的包容性、综合性和交叉性，学习的出发点应该具有更强的生活性，也就是要基于现实生活问题，统整各相关学科知识。创客课程考察的重点，绝不是单纯的知识记忆与理解，而是多学科知识的综合迁移应用和创新实践。

那么，如何整合多学科的内容，是创课课程设计的重点和难点。根据杨现民的观点，在考虑我国国情以及课程开发的可操作性的基础上，建议多采用一门学科主导的统整型课程设计模式，即以某个学科（比如，物理）为主导，有机融合其他学科知识（比如，化学、生物、电子）。[①] 例如，基于学科的整合从学科视角出发，可将理工科教学内容（如桥梁的建设、动力和力、地球的表面等）与工程化文科教学内容（如信箱、赵州桥、果园机器人等）作为创客项目主题，使学生在知识学习与创新实践过程中培植其基于科学探究的创新设计与造物能力，形成创客文化与求实精神相交融的氛围。[②]

四、学生需求

知识只有基于学习者的需求，才能产生社会功能。面向二十一世纪核心素养的教与学，强调要“以学生为中心”，要围绕真实情境中的问题展开探索，激发学生的原有经验，促进学生主动学习，满足不同学生的需求，实现个性化的学习等。因此，在创客课程设计时，除了考虑“以生活经验为中心，解决实际问题”之外，还需要思考这样的“实际问题”是否能引起学生的共鸣，是否是学生所真正关注的，是否能激发学生原有的经验，让学生真心实意地投入学习与探究中，而不是因为教师要求他们学习而学习。甚至有一些创客课程的主题可以来自学生，在学生日常的思考当中产生。例如，在某次外出研习活动中，教师带领一个学生团队搭乘火车出行，在火车上教师和学生相谈甚欢，正在谈论火车的发明历史，其中突然有一名学生提出问题：“火车的铁轨究竟是怎么连接起来的？是一节一节由工人连接起来的吗？”这个问题马上引发了大部分同学的讨论，在学生七嘴八舌的讨论中，教师发现大部分学生都对这个话题感兴趣，这应该是一个很好的能引导学生主动探究的课题。就如台湾学者欧用生所说，教学上需要的是即兴演奏，以达成有意义的学习，如何掌握适当的时机有赖于教师的判断。[③] 因此，在当晚安顿完成之后，教师马上开展课题的设计。教师在设计课程时需要思考的是，如何在“学生的兴趣”与“所要学习的知识与能力”之间找到联结。换句话说，就是

① 杨现民．建设创客课程：“创课”的内涵、特征及设计框架 [J]. 远程教育杂志，2016（3）：3-14.

② 申静洁，赵呈领．创客教育融入学科课程：一种实践路径的设计研究 [J]. 中国电化教育，2019（3）：22-31.

③ 欧用生．教师是陌生人——“看见”不一样的教师 [J]. 国民教育，2008（4）：15-22.

在“学生的兴趣”与课程设计中找到共通点，既能照顾学生学习的好奇心，又能达到培养学生创造能力和高阶能力的目的。

关注学生需求的创客课程建构，其无限开放性和生长性给了课程设计无数种方式，学习内容源于学生的好奇又与学科知识紧密结合，并且不断更新，学生在此领域中快乐地学习，认知不断得到强化、生长、更新，逐渐培养创新意识和提升创造能力。

第五章 创客课程设计

课程是教学活动的依托，创客活动的开展离不开精心设计的课程。创客课程设计就是对于创客课程的教学目标、教学内容、教学活动方式、教学评价方法等规划和设计。

第一节　创客课程设计原则

与传统课程相比，创客课程强调跨学科知识的融合，围绕现实问题以及实践项目组织和实施课程，强调学生“做中学”，注重直接体验，因此，创客课程设计时应遵循以下原则。

一、主体性原则

主体性原则是指在创客课程设计中，要体现“双主体原则”，在设计创客课程的过程中不仅要考虑学生，也要考虑教师。在开发创客课程时，既要关注学生的年龄段，也要关注教师的特长及兴趣点。要充分考虑到学生的兴趣爱好和知识水平，充分尊重学生的个性，尊重学生的个体差异，让不同的学生在学习过程中发挥各自的优势，使所有学生都能得到充分发展。同时，也要避免以布置硬性任务的形式直接给某个学科的教师“派活”，这样的创客教育会导致师生双方都缺乏主动性，效果差。

课程设计中坚持“双主体”原则，一方面，应遵循以学生为主体的原则，以学生的经验为基础，从学生实际出发，引导学习者从原有的经验中，主动建构新的知识经验，过程中小组进行交流和讨论，在此基础上共同探索问题解决的方法。此外，还可根据不同学生的能力水平和兴趣爱好，以及每个人不同的特点和能力水平设计不同难度、不同层次的问题和任务。另一方面，老师也要发挥专长，找到自己擅长的领域。如有艺术特长的老师可以做数字媒体相关的课程，擅长电子电路的老师可以做趣味电子相关的课程，有科学背景的老师可以做数字探究的课程，总之，在创客课程开发中，师生都要找到自己的兴趣点和位置。

二、整合性原则

创客课程的目的不在于知识的传授，而是培养学生在创造的过程中应用多个学科知识解决问题的能力。在设计创客课程时要打破学科界限，不再局限于某一学科，通过分析各学科最基本的学科知识结构，找到不同学科知识点之间的连接点与整合点，实现知识在创客课程中的贯通与迁移。如何整合多学科的内容，可以说是创客课程设计的重点和难点。考虑到课程的可操作性，建议采用以一科主导的统整型课程设计模式，例如，以物理为主导，有机融合其他学科知识（比如，化学、生物、电子）；以艺术为主导，有机融合其他学科知识（比如，物理、数学、工程等）。

除了不同学科内容的整合外，创客课程的设计还可以整合不同地区、不同学校、不同学科教师力量，组成创客课程的设计团队，协同开展创客课程的设计与创客实践指导。

三、创新性原则

创客教育主张培养学生的创新意识和创造能力。创客课程的倡导创新设计建立在对已有知识和技能的挖掘的基础上，对现有知识和技能的创新应用。因此，创客课程创新设计的基础是知识与技能，而不是凭空想象。在进行创客课程设计时，要在已有知识和技能的基础上进行再创造，在创客选题上做到具有一定的创意，从已有的知识和技能中提取新的内容与元素，选题新颖，足以激发学生的学习兴趣。这就要求创客课程设计不能只停留在原有知识和技能的基础上进行再加工与创造，而要充分挖掘已有知识和技能的潜能，努力培养学生的创新意识与创新能力。

四、实践性原则

创客教育的最终目标是让学生通过自己动手实践，强调通过“造物”来获得知识和技能，养成创新的习惯。实践性原则是创客课程的基本原则，也是创客课程得以开展的重要保证。所谓实践性原则是指在设计和开展创客课程时，应注意教学内容的实践性。由于创客课程涉及的内容比较广泛，教师在设计和开展创客课程时，应注意结合实际来组织教学内容，围绕现实问题以及实践项目来组织和实施。同时，在学习活动设计上，选择基于项目的学习和体验学习等多种学习活动模式，充分体现“做中学”思想，使学生在实践过程中获得知识、技能、高阶思维能力的提升。

五、分享性原则

创客精神提倡分享，创客课程的活动设计应包括交流协作活动设计，为学生分享想法及创客成果提供条件。由于创客活动的复杂性，团队往往不能通过一轮次的沟通合作解决所有问题，教师应鼓励小组成员遇到困难时多尝试、交流，甚至推倒重来，直至成功。在此过程中，小组每位成员均可提出自己的想法，教师要引导学生辩证性地看待每位成员意见，完善想法。通过分享交流想法，学生不仅能够完善主体创新意识，同时还能够提升成员间经验的交流，养成批判思维，树立团队合作意识。

展示工作和作品也是创客课程的重要内容。在这个过程中，学生不仅会展示他们的成果，同时也会向其他同学传达重要的知识。在观看和欣赏其他人的作品的时候，学生会创造性地激励对方，使得创客活动变成一种相互促进的循环。事实上，展示工作和作品，也是目前创客课程与教学中教师最常用的评价和评估的方法。

为了方便交流与分享，创客课程的设计可以充分利用网络的便利条件，采用线上线下相融合的方式，线下提供用于学生探究创造的物理空间和相关设施条件，线上提供交互平台，让教师之间、师生之间、学生之间可以尽情交流、分享，也可以充分展示创客的作品成果。

六、发展性原则

发展性原则要求课程内容应具有开放性，要能激发学生的求知欲和兴趣。课程内容应能培养学生的创新意识，促进其创新思维和创新能力的发展，以及良好的个性品质、心理素质和实践能力等综合素质的发展。课程内容要体现一定的时代性，要能反映社会发展的最新成果，使学生能感受到知识的“新鲜感”。

同时，还要注意课程内容的阶段性，做到“串珠成链”。课程内容应根据不同年级学生在知识、能力和情感等方面的发展程度及实际需求来确定。如低段学生，更多地应侧重于基础性、直观性、趣味性和实践性等；中段学生则应侧重于创造性和探究性；高段学生则应侧重于知识与技能的综合运用和创造能力的培养。

除此之外，创客课程设计还应考虑课程的趣味性，关注学生自身兴趣和需求，针对学生的年龄、性别、爱好和技能，设计有趣的项目和挑战，鼓励他们参与项目的设计和实现过程。

第二节　创客活动设计

创客课程设计是创客课程教学的总体设计，应以培养学生的创新精神和实践能力为出发点，以解决现实生活中的科学问题为目标，设计实施一系列科学活动，以帮助学生掌握科学方法，培养其创新精神和实践能力。

一、设计思路

任何一门课程的设计都要遵循课程设计的一般程序和原理。由美国著名教育学家、课程理论专家拉尔夫·泰勒在其著作《课程与教学的基本原理》中提出关于课程编制的四个问题，即：（1）学校应力求达到何种教育目标？（2）要为学生提供怎样的教育经验才能达到这些教育目标？（3）如何有效地组织这些教育经验？（4）我们如何才能确定这些教育目标正在得以实现？具体而言，即在课程设计之初，首先需要确定课程目标。课程目标是课程本身要实现的具体目标和意图，它规定了某一阶段的学生通过本门课程的学习之后，在知识、技能、情感态度等方面期望实现的程度。它是确定课程与教学内容、课程实施方式和课程评价方法的基础，是整个课程设计与开发过程中最为关键的准则。为了达到之前确定的课程目标，需要确定提供什么样的学习内容或活动。在选择了众多的内容或活动后，需要对选择的内容或活动进行适当的分配、整合并安排合理的学习顺序，形成指导学习活动的教材。在进行了一段时间的学习后，需要对已经开展的学习进行评估，以判断是否达成了教学目标，为后续的课程改善、调整或放弃提供信息支持。

泰勒课程设计模式为创客课程设计提供了范式。我们可以把这四个基本问题看作设计创客课程的四个阶段，即确定课程目标、选择教学内容、设计教学过程和评价教学结果，如图 5.1 所示。

图 5.1　创客课程的设计模式

（一）课程目标设计

创客教育不应仅仅让学生学会某种技能，或者某个项目的制作，而更应该注重项目完成过程中学习者创新能力和创新思维能力的发展。因此，创客课程应以培养学生创新能力为目的，围绕培养学生的高阶思维、创新精神和实践能力来进行，即以培养学生的创客素养作为课程的总体目标。创客素养包含创客知识、创客能力、创客思维及创客态度四个维度。

创客知识是实施创客课程的重要目标和基础任务。创客课程往往以创客项目为实施载体，学生在完成项目任务的过程中，不仅需要学习并掌握丰富的跨学科理论知识，在动手实践过程中必然还要掌握一些工程技术知识。

创客能力是运用创客知识，将创意、想法转变成产品的能力。在实现创意的过程中，学生必然要具备一定的动手操作能力、创新创造能力、问题解决能力和沟通协作能力。

创客思维是指在参与创作完成项目的过程中，当遇到实际问题时和解决实际问题过程中所表现出来的思维倾向，包括综合运用跨学科知识体系去解决实际问题的跨学科思维和善于对事实现象提出疑问并做出推理判断的批判性思维。

创客态度包括创客意识和创客精神。创客意识是指根据当今信息化社会的发展现状和趋势，结合周围人、事、物的需求，发现和提出问题，创造前所未有的事物的意向和动机。而创客精神是指在实现创意的过程中所表现出来的勤于探索、乐于分享、有耐心、专注、坚持等优秀的品格。创客素养框架见表 5.1 所示。

表 5.1　创客素养框架表

维度	要素	内容
创客知识	科学理论	了解并掌握电子、机械、材料、计算机等基础的跨学科理论知识
	工程技术	了解并掌握 3D 建模、制造、电路组装、激光切割、编程等工程技术知识
创客能力	动手操作能力	主动学习并掌握创新创造过程中所需的各种软硬件，并能够利用这些工具去实际应用，设计并制造出新的产品
	创新创造能力	突破思维定式，从不同角度另辟蹊径寻求解决问题的方式，并能够取得有价值的创新结果
	问题解决能力	能基于相关原理和规则预见问题症结之所在，能充分灵活运用各种条件和资源去解决实际问题
	沟通协作能力	在团队创新创造活动中能清晰表达自己的观点和看法，有效倾听他人的见解；能尊重彼此之间的差异，建立共同愿景，提高团队综合竞争力
创客思维	跨学科思维	具备跨学科思维，能够综合运用跨学科知识体系（如工程、技术、数学、科学、艺术等）去解决实际问题
	批判性思维	能够用分析性和建设性的方式，对事实和现象提出新的疑问并做出推理和判断；能够做到不盲目崇拜和顺从他人，并能够对其进行批判性吸收和借鉴

续表

维度	要素	内容
创客态度	创客意识	能够主动适应信息化社会的发展趋势；善于发现和提出问题，有选择地制定合理的解决方案，将创新理念生活化和实践化的意向、动机和愿望
	创客精神	在创意实现过程中养成勇于尝试错误、善于设计、严谨探索、乐于分享、有耐心、专注、坚持等优秀品格，做事情有始有终，淡泊名利

创客课程教学目标设计可以依据上述创客素养框架，结合学校和学生具体实际情况进行取舍，确保教学目标的科学性和普适性。

（二）课程内容设计

在明确了创客课程目标后，就需要对学习内容进行选择和组织，以保证能实现教学目标。创客课程内容强调多学科整合与问题导向，其课程内容的构建可采用创客项目的形式将枯燥、机械的传统知识变成有活力、有意义的生活问题。赫施巴赫（Herschbach，2011）将项目学习分为两类：相关课程模式与广域课程模式。创客课程内容的构建也可以形成两种难度的进阶式的构建模式：其一，以某一学科问题为导向，在项目问题解决过程中引入其他学科内容，并最终解决该问题，即“相关课程模式”；其二，以生活问题与学生兴趣为导向，综合运用各学科知识直至最终解决问题，并形成实体研究成果，即“广域课程模式”。当然，广域课程模式的内容设计更复杂、综合，但对于学生生活世界知识的构建更有效，因此，该类课程模式应是学校创客课程内容构建的主要形式。

1. 课程内容的选择

创客课程要考虑内容的知识性与生活化、理论性与实践性、过程性与结果性以及科学性和趣味性等。创客课程内容来源既要考虑多学科内容知识、又要结合生活情境问题与学生的兴趣需要，结合创客教育新技术领域中可以设计的内容，例如，机器人搭建和编程、3D 打印、激光切割以及综合运用这些技术进行创造。因此，创客课程在内容选择上应该紧跟时代前沿科技，不仅将其作为学生学习的内容，更重要的是将其作为一种工具和手段，寻求自身思维和能力更高水平的发展。

2. 课程内容的组织

创客课程教学内容的组织应遵循“先易后难，由浅入深”的原则，以解决实际问题为导向，激发学生学习兴趣，培养学生解决问题的能力，使学生的知识技能和创新能力得到全面发展。

（1）先易后难。要根据学生认知水平、学习兴趣、学习习惯等因素进行教学内容设计，使学生先掌握一些基础知识和技能，再逐步增加难度，不断提高学习效果。在教学中，教师要注意根据学生的认知水平、知识基础等因素合理安排教学内容，让每个学生都能充分发挥自己的能力和特长。

（2）由浅入深。例如，低年级学生在学习图形化编程时，要从简单的程序设计入手。随着学习能力和认知水平的提高，逐步增加程序设计难度；高年级学生则可以结合学科特点进行实践研究。例如，在学习机械设计与制造基础时，可以先让学生掌握简单的机械加工知识和机械原理；在学习机器人基础时，可以让学生了解机器人的原理和组成结构；在学习 3D 打印时可以让学生了解 3D 打印技术与打印机的工作原理。

（三）课程活动设计

课程活动是将课程付诸实践的操作流程，课程活动设计就是对课程内容的实施方式和策略进行设计。创客课程的教学活动设计应以培养创新能力为目标，融入基于项目的学习、体验式学习、基于创造的学习等学习活动。众多学者提出了关于创客教学的环节步骤，其中影响力比较大的有傅骞提出的“SCS 创客教学法”，共分为七个步骤：情怀故事引入（Story）、简单任务模仿（Copy）、知识要点讲解（State）、知识扩展任务模仿（Copy Extended）、创新激发引导（Stimulate）、协同任务完成（Cooperation）和成功作品分享（Share），并强调了教学应从学生情感的角度切入项目主题，任务的设计应由易到难、循序渐进，过程中应讲解必要的知识，同时注重激发学生的创新意识，倡导协作与分享等。也就是说，学生在创造前需要具有必要的基础知识和技能，在创造时需要先构想具有创意的设计，在创造中需要迭代完善创意作品，在创造后要与其他同学分享交流等都是学生学习过程中必不可少的环节。

但 SCS 创客教学法对时间要求比较高，需要保证足够的课时长度，各个环节安排也要尽量紧凑，否则会因环节之间隔得太久导致学生的积极性下降。因此，在借鉴“SCS 创客教学法”的基础上，对教学活动过程进行简化，提出创客课程中的活动过程应包含以下五个环节：

1. 创设情境，问题导入

作为学习的开端，教师通过创设贴近学生生活的真实场景将学习的内容与学生的真实情感联系起来，激发学生的学习兴趣。学生在面向真实的问题情境中，与真实世界发生关联，通过对问题的分析，确定项目主题。设计项目主题时，基于学生真实生活中的问题，有助于调动学习者的原有经验，激发探究热情，让学生愿意在项目上投入时间和精力，以提高自身的创造力。

2. 任务模仿，知识建构

在此环节，教师需要设计简单的、可操作的任务，以便学生进行有效的模仿。通过简单任务模仿可强化学生的学习热情，增加自我效能感，变被动学习为主动学习。学生通过快速模仿达到既定的目标，有利于激发学生的思考，活跃思维。在此环节中，教师还需要对知识要点进行讲解，以帮助学生达到深入理解的目的，教师在讲解知识点时要注意多讲一些知识点的综合应用知识，而非知识点本身的深入讲解。

3. 创新设计，形成方案

学生在掌握一定知识要点的基础上，对项目进行分析，小组成员通过“头脑风暴”的方式各抒己见，并利用思维导图等工具形成初步的设计方案；成员间要进行深入交流，通过思想的碰撞激发创意，修改完善最初方案，形成新的设计方案。在这一环节中，为保证合作探究的顺利进行，教师要组织与协调各个小组内部的关系。此外，教师也需要定期检查学生的项目进度，并给予建议与反馈。

4. 创意实现，合作创造

上一环节中，小组通过讨论得出了一个有创意并且能够完成的作品设计，进而通过协同合作，共同完成作品的开发。考虑到协同的效率，小组内部可以进行模块化分工，分配角色以确保每位学习者都参与其中，协同完成任务。

5. 分享交流，优化创意

创客课程十分重视创意、经验和成果的分享。在项目的最后，学生除了分享项目成果之外，也可以分享活动过程中遇到的轶事、碰到的问题、制作的经验以及学习心得体会等。创新是分享的基础，分享是创新的动力，学生在对作品的分享中体会创作的乐趣与分享的乐趣，并在创新和分享的循环中充分享受创客教育带来的乐趣。而在交流的过程中，不同的创意作品也可激发学生们的创作灵感，通过对话等方式迸发思维的火花，如此又可以促使其优化创意，完善作品。

（四）创客课程的评价设计

科学的评价体系和评价指标，是一门课程取得最佳成效的重要保障。教学评价是根据教学目标而制定，按照制定的标准和原则，合理采用有效手段，对教学过程的结果进行测量，分析学生在教学过程中是否达到了预期的学习目标，并做出一定的价值判断的活动。它既是课程设计和实施的终点，又是课程持续向前发展的起点。不同于甄别和选拔为导向的传统的教学评价体系，创客课程的教学评价采用成果导向的评价机制，建立多元化评价体系，综合评判学生创作的外显成果，重在考核学生的知识迁移、运用能力、批判思维能力以及创新创造力。既注重结果评价，也将课程学习的过程性表现纳入考核指标，以实现结果评价与过程评价相结合。

1. 评价内容

从创客课程的目标以及创客学习的过程来看，其评价内容至少包含以下内容，如图 5.3 所示：一是创新能力及其表现，这是创客课程学习评价的核心所在。它不同于心理学上的概念测量和能力评估，而主要通过学生提出问题的创意以及创客作品的创新点等来考量。二是综合能力，既关注问题解决能力，即考查学生在创客学习过程中运用相关知识解决真实问题的能力，重点考察学生的作品设计与优化能力以及将方案转化为有形物品的造物能力；也关注学生的协作能力与表现，即着重考查学生在创客项目组及学习共同体内与他人进行人际沟通、协作解决问题、分享交流的表现及能力；还关注学生的创新评价能力，着重考查学生对创新作品的评价标准设计与客观评价其他作品的能力，在评价中学会反思与提升。

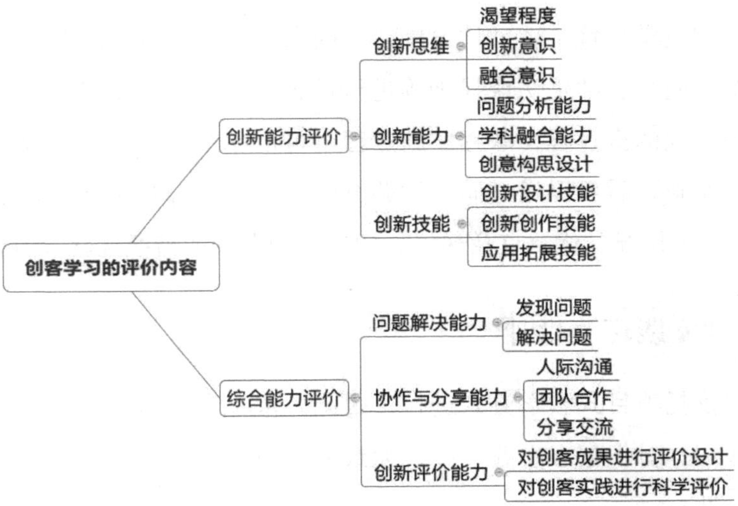

图 5.3　创客学习的评价内容

2. 评价主体

在创客课程的学习评价中，其主体不只局限于课程教师，还包括学生及其同伴等，条件允许的话还可以让家长参与评价。不同主体的评价内容及意义不同。教师评价侧重于从整体上评判学生的课程学习状态，以及评估学生的创客素养。学生自我评价侧重于学习过程中的自我反思、自我调整、自我实现。它是激发学生创新动力、发展批判性思维以及实现学习主体性的重要途径。同伴评价的重点则在于评估学生在学习过程中参与小组协作的表现及其作品的优劣，让学生在互评中学会总结和反思，学习他人的良好学习品质，发现他人作品的优点。而通过开展家校共育，建立家长通信群与家长紧密沟通，动员家长参与学生创客学习活动，通过家长参与观摩、点评，有利于创客活动在学生中的全面开展，有了家长的支持，有利于创客实践活动的常态化、可持续的发展。

3. 评价方法与工具

由于创客课程目标的多元性以及创客学习活动的复杂性，我们建议对创客课程的学习评价不采用标准测试这一传统方法，而是将过程性评价和总结性评价相结合，综合运用多种方法进行评价。典型的有观察记录、量规评价、汇报展示等方式。在运用这些具体方法时，应根据课程主题以及课程实施的实际情况选择和开发相应的评价工具。常见的有协作学习评价表、问题解决能力评价量表、创客作品评价量规等。

除了对学生在创客活动过程的表现及创客作品的评价外，创客课程的教学评价还包括对课程本身的评价。从课程内容（课程选题、项目内容、学习资源等）、活动过程（活动设置、教师教学能力等）和教学环境（软硬件设施、空间布局等）等方面进行评价。具体的评价方法可以通过设计调查问卷、师生访谈提纲等进行调查，分析调查结果进而得出结论。对课程的评价贯穿于课程实施的全过程，课程实施过程中可以通过对师生访谈及时了解课程的不足并做出调整；课程实施之后可以通过满意度调查问卷，并结合师生访谈结果，进一步了解师生对创客课程的满意度情况、优缺点及建议、期望，为课程的持续优化改进提供思路和方向。

二、创客活动实践环节设计

创客活动大多依托项目式教学方式进行，因此，精心设计的项目是提升学生创新素养和创新能力的基本保证。对于创客实践环节，大致分为项目来源、项目设计、项目实施与项目拓展几个步骤，如图 5.4 所示。

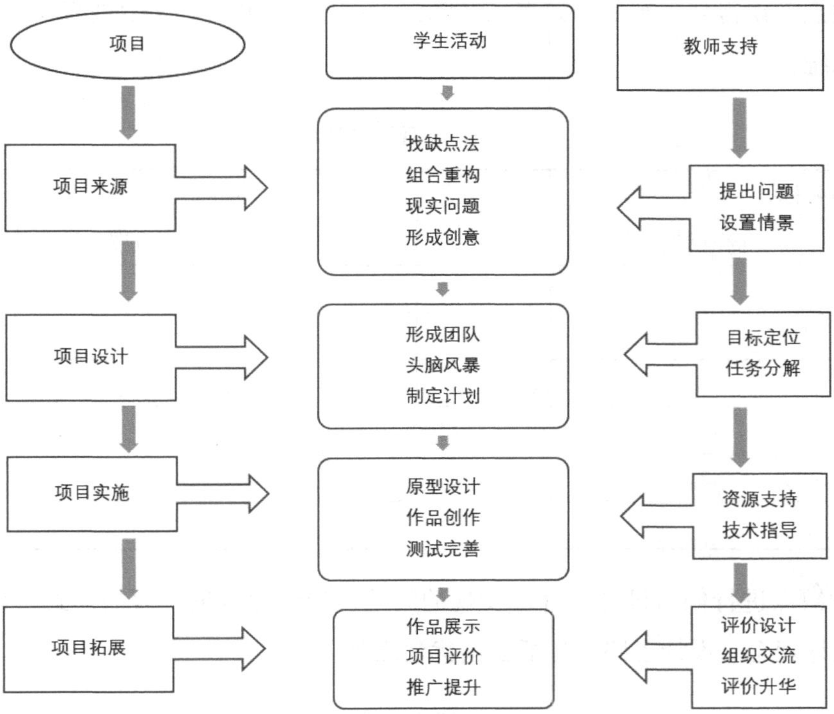

图 5.4　创客活动实践环节

（一）项目来源

项目最好源于学生生活中的真实问题，又与学生的兴趣、经验、能力相适应，这样有助于激发学生的探究热情，让学生愿意在项目上投入时间和精力，以提高自身的创造力。

1. 项目来源：找缺点法

创客项目的重要策略是贴近生活，从解决生活实际问题、优化生活产品出发，教师要善于让学生去发现生活中的不如意、存在的问题，学会挑毛病，通常各种物体的缺点就是创新的起点，是发现问题的好方法，具体做法是：

（1）发现问题。可以让学生从身边的事物开始，发现问题。让学生开动脑筋，找一找事物的缺点，例如在功能、性能、结构、形状、应用、材料、经济、美观等方面找。将列举出来的缺点进行归纳、整理。如分析“雨伞”存在的问题，学生找到雨伞的众多缺点，如：①遇上大风会“吹顶”；②形状太单调，不好看；③花样少，易拿错；④手中东西多时，不易打伞；⑤骑自行车时打伞容易出事故；⑥伞面遮挡视线，容易发生事故；⑦两个人使用时挡不住雨；⑧夏天在太阳下打雨伞不防晒；⑨夜间使用看不见路，也不易被看见；⑩伞尖容易伤人等。教师可以多引导学生从身边事物出发，如“电动车”“书桌”“路灯”等存在什么问题，让学生找出缺点，说得越多越好，如表 5.2 所示。可以通过列表对学生进行找问题训练，激发学生的创新思维。

表 5.2　发现问题训练

身边事物名称	
存在问题	改进方案

（2）针对缺点进行创新设计。针对发现的问题，让学生以创意表的形式，如表 5.3 所示，阐述自己的设计理念、设计思路、生活创新优化之处。

表 5.3　奇思妙想创意表

创意名称	
发现问题	
创意简图	
创意说明	
创意人	

2. 项目来源：组合重构

创客活动是一项趣味无穷的实践活动。学生要用心观察周围的事物，善于发现问题、提出问题，透过学校、家庭及周围的生活圈，寻找感兴趣的创意项目。假设你遇到难题时，肯定会说："要是有某某东西就好了。"这时就可以把想法作为对象，根据基本科学原理和经验，通过“联想法”“仿生法”“迁移法”“改进法”“组合法”对已有的事物进行组合重构，这些方法可以单独使用，也可以综合运用，形成新的创意。

为了更好地让学生了解组合重构的创意，可以让学生分析生活中的组合发明创造。如“带橡皮的铅笔”“羊角锤”“瑞士军刀”等。同样，教师可以通过引导，如以学生最熟悉的“笔”为主体进行组合重构就有了“鹅毛笔”“水彩笔”“验钞笔”“录音笔”等。教师可以通过让学生将两个或两个以上事物组合起来，重构设计，获得创意的训练，如表 5.4 所示。

表 5.4　组合创新设计训练

想到的物体				
组合重构				
创新项目				

教师除了注重问题启发与引导，还可以融入更接地气的生活化内容，如从现实生活中的常见问题（如，厨房污渍的清洁、冰箱食品的保鲜）等；校园的空地种植、运动场所、停车场所的改造等。强化创客课程设计的情境化、生活化与趣味化。

学生则围绕项目主题接纳各种可能性，进行创意构思，开启创客选题活动。

（二）项目设计

学生在开始阶段会产生很多创意，也会面临很多挑战。此时教师需要帮助学生聚焦问题，由创意、挑战转向具体、清晰的创客项目。创客项目的形成有赖于群体智慧，教师可以指导学生根据兴趣、创意、能力、个性特征等组成创客活动小组，各小组在组内进行头脑风暴，激发群体智慧，提出创新设想，形成创客项目。

确定了具体选题，可以进行项目计划设计，在项目设计时教师要考虑的是课程目标的导向作用，将目标转化为具体的任务，任务要具有一定的任务强度，具备由浅入深的难度和复杂性，为学生提供高强度的实践和练习，能融合多学科知识，唤起学生先前知识经验，给学习者可承受的挑战力，以调动学习者的动力。同时，要有充足的时间安排，通过合理的时间分配为学生提供充足的课内时间和课外时间来完成项目的计划、执行和完善等。创客小组在教师的指导下对项目进行精细化设计，确定项目的时间安排、阶段任务、预期成果的形式及要求等。

（三）项目实施

对于项目实施，除了考虑学生基础外，教师要设计项目的支持，考虑活动开展的实际条件，比如空间、软件、硬件、材料、工具等资源，以及社会资源的可获得性，为学生进行作品创造提供必要的条件。为学生创建一个协作、互动的创作空间环境，这种环境通常是实体的创客空间和虚拟的网络社区的结合，在项目实施过程中，要注重与学生的互动，让学生在项目实施中能与外界保持良好的协作与共享，充分调整学生的主动性与参与性，及时发现学生出现的问题，为学生提供必要的帮助，支持学生创作出满意的作品，也要鼓励学生分享彼此的经验和学习成果。

对于学生而言，项目实践就是将创意转为作品的过程，项目小组在教师指导下协作开展项目，按照“设计—创作—评估”的迭代设计思维完成项目作品。团队内部可以相互督促，也可以进行头脑风暴，分享观点，彼此支持更好完成作品。同时学生要善于利用教师提供的资源、工具、材料等进行造物，遇到问题，也要懂得寻求帮助。

（四）项目拓展

不同于传统课程的纸笔测验，创客项目更加注重学习产出的物化成果，倡导对创作结果与过程进行展示与分享交流。分享能激发学生的学习动机，促进互惠学习，为此，教师需要事前制定完备的、易操作的评价指标对学生的创意作品进行评量；同时，需要注重学习过程数据采集和阶段性成果的搜集，以客观评价学生的参与性、贡献度以及进步情况。

对于学生而言，对内要通过“自我评价与同伴互评”方式，提升作品的质量与自己的贡献程度；对外通过成果展示环节，分享其创客作品并获得他人的反馈，然后整合不同意见进一步完善其作品。通过展示加强作品的宣传与推广，提高作品的认可度。

在项目的展示交流中，可以促进学生的评价反思，进一步激发学生的主动性和创造性，提升学生的创客素养。

第三节　创客作品评价

在创客课程的评价体系中，创客作品的评价占据了重要的位置。创客作品通常能反映出“创客”设计思想、理念和创造能力，通过对创客作品的评价可以判断创客活动的开展是否达到了预期课程目标，进一步提高学生的高阶思维能力和创新意识。

创客课程类型众多，创客作品也极具个性，对于创客作品的评价，不仅要考虑不同类型的作品的独特性，也要考虑适用于各类创客作品的通用指标。一般而言，我们可以从创新性、技术性、艺术性、社会性、完整性、人文关怀性等方面对创客作品展开评价。

一、作品的创新性

创新是创客教育的灵魂，如果创客作品仅仅是简单地重复他人已有的成果，没有进行创新活动，没有产生新思想、新方法或新成果，那么这样的创客活动只是在低层次上重复已有的知识和技能，这便失去了创客活动的灵魂。因此，创客作品的创新性反映了学习者的创新意识和创新能力，在评价作品时，应将创新性作为主要评价指标之一。

对于创客作品来说，创新性主要体现在作品的原创性和独创性上。作品原创性主要体现在作品中是否体现出创意和思想，即看学习者是否提出了独到的见解和新颖的创意，能否突破已有知识、技能、经验、方法和思维定式，在解决问题时提出新方法和新思路。作品的独创性体现在学习者能否从不同角度去分析问题、解决问题，能否在问题解决中表现出自己独特的想法和见解。

二、作品的技术性

技术性是指实现作品所采用的具体实现方法和技术手段是否达到了一定的技术质量。作品的技术性需要从以下几个方面进行评价：

首先，对作品的结构设计进行评价。结构设计是创客作品的重要组成部分，好的结构设计会使作品具有更强的可变性和可拓展性。因此，对结构设计进行评价，主要从作品的整体架构、各部分之间的关系、可拓展性和可调节性等方面进行。

其次，对作品的功能实现方法进行评价。功能实现是创客作品制作过程中最重要、最直接、最有价值的部分。一件好的创客作品不仅要有良好的功能实现方法，还要考虑其使用寿命，比如创客作品是具有实用性的物品并打算在实际中使用，功能实现方法就需要考虑其在使用过程中是否会损坏以及损坏程度如何等问题。此外，功能实现时还要关注技术细节。例如，在制作小车时，除了要考虑小车如何进行行走和转弯外，还需要考虑如何让小车能在不同障碍物间行驶。因此，对小车行走路径选择、障碍物选择等方面进行评价就非常必要。

最后，对作品在技术应用方面进行评价。一件好的创客作品不仅要有良好的功能实现方法，还应该具有一定的技术应用价值。因此，对作品的技术性评价，还应包括对完成作品过程所用到的技术知识和技能及技术的创新性和应用价值进行评价。

总之，对创客作品从技术实现、功能实现、具体应用以及技术创新等方面进行评价可以使评价更全面、更科学。因此，教师在创客课程中应该注重培养学生对技术知识和技能等方面的综合运用能力与创新能力。

三、作品的艺术性

作品的艺术性是指作品在艺术风格和表现形式上的独特之处，是作品与其他作品在风格和表现形式上的差异，艺术性强的作品通常具有较强的表现力和感染力。对创客作品的艺术性评价一般从作品的色彩搭配、结构设计的合理性、材料符合安全和环保的要求，能通过对外观的美化提升作品的表现形式等方面进行。对创客作品的艺术性评价将有助于技术与美育相结合，培养学生的艺术欣赏能力。

四、作品的社会性

社会性是创客作品的一个重要特征，表现为学生通过创客项目的实施，对社会生活中的问题进行探索、研究和解决。作品的社会性主要包括两个方面：一是作品解决社会问题的能力，二是作品与社会环境之间的联系。

面向现实问题是创客项目选题所要关注的重点内容之一。对创客项目而言，要从实际出发，基于学生的生活经验、知识基础、兴趣爱好、学科背景等进行选题。既要关注技术层面的问题，也要关注社会文化层面的问题。

作品与社会环境之间的联系主要是指创客作品与社会环境之间存在着紧密联系。不同人对同一事物会有不同的认识和看法，这是由于人们所处的社会环境不同造成的。在创客课程中，学生在遇到实际问题时往往会想到与自己生活、学习有关系甚至密切相关的一些人和事，同时也会对其他社会新闻中的人和事进行思考与研究。在此过程中，学生通过与他人合作解决问题时会受到他人看法和观点影响。同时，当他们遇到困难或挫折时也会通过他人或社会支持获得帮助和鼓励。

在创客实践中，注重作品的社会性，这是因为创客实践活动本身就是一种社会文化过程，它不仅反映了人们对社会环境变化及社会问题产生的思考与研究成果，而且也反映了人们对未来社会发展趋势的预测和判断。通过评价学生创客作品的社会性，可以帮助教师了解学生在创作过程中遇到的实际困难以及作品所反映出来的社会文化背景等方面情况，从而有针对性地指导学生进一步改进自己的创作方法。

五、作品的完整性

在创客作品的制作过程中，因为其目标是最终实现某种特定功能，学生在创作过程中可能会出现各种问题，如结构不完整、材料不完整等。这些问题如果得不到解决，就会影响学生对作品的理解和改进。因此，在创客作品评价中必须引入完整性指标进行评价。

从作品的结构来看，作品的完整性主要考虑整体设计和功能实现两个方面。整体设计包括作品的概念、思路和设计方案，即通过对项目的需求进行分析，明确项目的目标，明确项目所需完成的任务和需要解决的问题，确定项目的主题，进而明确项目所需运用的技术与方法，并制定可行性方案。功能实现反映了作品对设计方案的完成度，关乎作品质量。一个完整的创客作品应能很好地实现创意设计，功能齐备，并具有与之配套的外包装。

六、作品的人文关怀性

作品的人文关怀性是指作品对社会生活的关心程度，表现为作品在设计与制作过程中是否关注到了社会生活中的人、事、物，是否符合社会发展的要求。在设计与制作过程中，要以人为本，比如产品是否为使用者服务，产品是否为使用者带来便利；是否对使用者进行了必要的培训；是否能根据使用者的要求做出调整等。在创客作品设计过程中，要关注事情本身，比如产品是否能够解决问题，是否能节约时间、资源等。在设计与制作过程中，要关注到物，比如产品是为社会服务的，产品所使用的材料、工艺等是否符合环保要求；产品的生产过程是如何满足社会需求等。

创客作品的评价是一个复杂的，多维度的评价活动，我们在尽可能全面客观评价作品的同时，也需要考虑到评价指标及评价活动的可操作性。在众多创客比赛中，通常都会给出具体的评价指标。下面，附 2023 年全国青少年科技创新大赛评分标准和广州市中小学生科技创客电视大赛作品评审标准，仅供读者参考。

附 1：青少年科技创新大赛评分标准（终评，表 5.5）

表 5.5 青少年科技创新大赛评分标准

项目分类		项目编号		得分	
项目名称					
评分标准					
评分类别	评分内容			考评标准	得分
选题（15 分）	科学性、符合一般研究规律			0 ~ 5	
	实用价值，跟生活实际密切相关			0 ~ 5	
	清晰和明确性，表达准确，没有歧义			0 ~ 5	

续表

<table>
<tr><td>项目分类</td><td></td><td>项目编号</td><td></td><td>得分</td><td></td></tr>
<tr><td>项目名称</td><td colspan="5"></td></tr>
<tr><td colspan="6">评分标准</td></tr>
<tr><td>评分类别</td><td colspan="3">评分内容</td><td>考评标准</td><td>得分</td></tr>
<tr><td rowspan="11">研究内容
（35 分）</td><td rowspan="6">研究方法
（20 分）</td><td colspan="2">科学性，符合一般科研规律</td><td>0 ~ 3</td><td></td></tr>
<tr><td colspan="2">新颖性和独创性</td><td>0 ~ 4</td><td></td></tr>
<tr><td colspan="2">应用前景</td><td>0 ~ 3</td><td></td></tr>
<tr><td colspan="2">完整性，提出问题、分析问题、解决问题各环节均具备</td><td>0 ~ 4</td><td></td></tr>
<tr><td colspan="2">技术、技能的应用</td><td>0 ~ 3</td><td></td></tr>
<tr><td colspan="2">技术、技能难易程度</td><td>0 ~ 3</td><td></td></tr>
<tr><td rowspan="5">研究结果
（15 分）</td><td colspan="2">科学价值</td><td>0 ~ 5</td><td></td></tr>
<tr><td colspan="2">可靠性</td><td>0 ~ 3</td><td></td></tr>
<tr><td colspan="2">数据处理、分析和逻辑</td><td>0 ~ 3</td><td></td></tr>
<tr><td colspan="2">新颖性和独创性</td><td>0 ~ 2</td><td></td></tr>
<tr><td colspan="2">应用价值</td><td>0 ~ 2</td><td></td></tr>
<tr><td rowspan="4">研究过程
（20 分）</td><td colspan="3">原始资料的完整性</td><td>0 ~ 5</td><td></td></tr>
<tr><td colspan="3">研究方案设计的严密、完整、可行、与实施的一致性，完善和修正</td><td>0 ~ 6</td><td></td></tr>
<tr><td colspan="3">独立实施的可靠性</td><td>0 ~ 4</td><td></td></tr>
<tr><td colspan="3">研究过程独立参与程度</td><td>0 ~ 5</td><td></td></tr>
<tr><td rowspan="11">答辩和问辩
（30 分）</td><td rowspan="9">研究成果的介绍</td><td colspan="2">研究选题</td><td>0 ~ 2</td><td></td></tr>
<tr><td colspan="2">研究背景</td><td>0 ~ 2</td><td></td></tr>
<tr><td colspan="2">研究目的</td><td>0 ~ 2</td><td></td></tr>
<tr><td colspan="2">研究过程</td><td>0 ~ 2</td><td></td></tr>
<tr><td colspan="2">研究结果的得出</td><td>0 ~ 2</td><td></td></tr>
<tr><td colspan="2">解决的问题</td><td>0 ~ 3</td><td></td></tr>
<tr><td colspan="2">研究价值</td><td>0 ~ 3</td><td></td></tr>
<tr><td colspan="2">研究的建议和想法</td><td>0 ~ 4</td><td></td></tr>
<tr><td colspan="2">陈述完整、清晰</td><td>0 ~ 3</td><td></td></tr>
<tr><td>表达</td><td colspan="2">仪器、器材的了解和使用</td><td>0 ~ 3</td><td></td></tr>
<tr><td>技能</td><td colspan="2">独立工作程度和贡献</td><td>0 ~ 4</td><td></td></tr>
</table>

附 2：2023 年广州市中小学生科技创客电视大赛作品评审标准

创新性：作品必须是作者本人或团队发现、提出、选择、创作的。设计中的创造性，必须是作者本人或团队构思、完成的，作者本人必须参与作品的制作，具有独立创作的真实性。作品符合主题要求，且和已有产品相对比具有创新性。选手能根据现有的作品，结合独特的设计理念，制造出一个具有创造性的创新作品。

科学性：包括作品的科学技术意义、技术方案的合理性和创作方法的正确性、科学理论的可靠性。有利于学习科学知识，掌握科学方法和实验实践技能，有利于树立科学思想和科学精神。

技术性：技术使用合理，能充分利用各种技术加工手段达到预想功能，支持但不限于软件与硬件相结合，且作品的功能具有一定实用性，成本合理。

实用性：指该作品发明或创新技术可预见的社会效益、经济效益或效果；贴近生活，具有应用意义与推广前景。学生的创客作品应根据学生课程学习特点和水平，融入“做中学”的科学教育理念，突出学生对基本科学知识、科学方法的掌握。

艺术性：作品的色彩搭配、结构设计合理。材料符合安全和环保的要求，能通过对外观的美化提升作品的表现形式。

合作性：重点考察选手的团队协作精神，以及分工是否合理。

答辩分：现场答辩时的逻辑性，科学性，语言表达能力的评分。

个人创造评分表（满分：100 分）如表 5.6 所示。

表 5.6　个人创造评分表

创新性	科学性	技术性	实用性	艺术性	答辩分
20 分	20 分	20 分	20 分	10 分	10 分

团体智造评分表（满分：100 分）如表 5.7 所示。

表 5.7　团体智造评分表

创新性	科学性	技术性	合作性	实用性	答辩分
20 分	20 分	20 分	20 分	10 分	10 分

实践篇

SHIJIANPIAN

案例一

校本创客课程群的开发

一、创客类课程开发背景

随着信息化时代的迅猛发展，智能设备在人们生活中所占的比例日益提高。在未来高度自动化的社会中，掌握一门计算机编程技术、懂得智能硬件开发，无异于拥有了一种更加先进的生产技能。

截至 2024 年，参加强基计划的高校已经达到 39 所。未来加入强基计划的学生还将更多。强基计划其中一项就是对掌握信息学的学生“网开一面”，只要比赛达标，并且高考分数达到一本线就可以就读。广东省内很多重点高中，如广州华附、潮阳实验、汕头金中等，都相继推出了科技特长生的优惠招生政策。

近年来相继出台摇号政策、双减政策，使很多学生和家长对未来学生应该学什么、如何学等问题都出现了困惑与焦虑。

根据以上问题，结合社会需要、大学需要、高中需要、学生和家长需要，韩附实验学校（以下简称“韩附”）创客中心开发设计了一系列创客教程。课程以信息技术为主线，以比赛为阶段检验目标，融合多门学科和社会主义核心价值观，以赛促学，在力求使学生更全面发展的同时，满足部分拔尖学生的进一步学习需求。将双减政策切实落实到位。

二、方案设计者

课程群总指导：蔡灏纯、黄森水。

课程群架构设计：陈建锋。

课程群实施及完善：陈建锋、黄金丰、邱纯、辜丹纯、黄创辉等。

三、创客类课程的选题

韩附创客中心聚焦培养学生信息科技创新素养的课程目标，根据学生特点及教学需求，坚持学生是课堂的主体，教师是课堂的引导者，参考《义务教育信息科技课程标准（2022 年版)》，围绕“创意造物”设计多门课程，课程内容根据创客造物过程中需要掌握的知识与技能进行模块划分，包含了“机械结构原理及其制作”“图形化编程”“科创实验特训”“3D 建模设计与打印”“激光切割与纸艺”“手机开发”“智能硬件开发”“人工智能开发”等课程内容，如表 6.1 所示，形成校本创客课程群。

表 6.1　校本创客课程群

课程名称	适合学段	学时
机械结构原理及其制作	1—3 年级	30—90
图形化编程	3—9 年级	30—90
科创实验特训	4—9 年级	30—90
3D 建模设计与打印	4—9 年级	30—90
激光切割与纸艺	4—9 年级	30
手机开发	4—9 年级	30—60
智能硬件开发	4—9 年级	30—90
人工智能开发	4—9 年级	30—90

四、涉及学科

语文、数学、物理、化学、历史、政治、信息技术、艺术。

五、创客课程群介绍

（一）机械结构原理及其制作

1. 课程内容规划

创客教育中，将想象的创意落地成实际物品，掌握物品的构造、物品的运动方式，才能更好地将想法实物化。韩附课程采用类乐高积木搭建造型，侧重点在于物品形状结构组成和各种机械结构的学习及应用。包括结构特点、杠杆原理、齿轮传动、皮筋传动等内容。在上百个有趣造型中根据教学进度进行挑选教学，连续学习 3 年不会重复，可有效避免学生由于重复练习而感到乏味。三年级时引入图形化积木式编程内容，学生采用简单的编程积木块控制自己搭建的机器人，进一步提高学生的学习兴趣，也为高学部学习编程打下基础。具体内容如表 6.2 所示。

表 6.2 机械结构原理及其制作创客课程学习模块

年级	课程目的	课程内容	项目名称	学时
1 年级	认识各种机械传动结构，提供设计、搭建和编写程序，培养学生的科学素养和动手实践能力，促进学生团队合作和语言能力的全面提升	简单机械结构	跷跷板、弹力车、手摇风扇等	30
2 年级		复杂机械结构和电动结构	猫追老鼠、蜜蜂采花、恐龙、螃蟹等	30
3 年级		以复杂机械结构和编程控制为主	存钱罐、自动公交车、投篮计数器等	30

2. 课程的实施

在课程的每一个模块，教师都设计成具体的项目，学生在教师的指导下学习相关知识，综合运用知识，完成每个小项目任务，最终完成完整项目中的具体作品。

具体的实践活动通常采用提出问题→学习新知→设计制作→交流优化→总结拓展环节。

（1）提出问题。教师提出问题，引发学生讨论，引出本项目活动主题。

（2）学习新知。教师讲解制作作品涉及的物理原理，指导学生完成设计方案。

（3）设计制作。学生根据项目要求的功能，结合设计方案，进行作品的搭建，完成作品。

（4）交流优化。每节课老师指导学生进行作品的交流分享，学生通过手写和演讲口述方式，就作品功能、涉及原理、作品优缺点等进行展示。教师设计评价表，组织学生进行自评和小组互评等评价活动，评价内容包括作品完成情况、团队小组合作表现、作品创新性等多个维度。最后，教师与学生总结该项目模块实现的过程，梳理所学所用的知识点，提出改进之处，完善学生作品。

（5）总结拓展。教师与学生总结该项目模块实现的过程，梳理所学所用的知识点，探讨知识的拓展延伸之处。

（二）图形化编程

1. 课程内容规划

韩附图形化编程课不仅仅是让学生会用某一个图形化编程开发程序，而是通过学习多种开发工具，学生能举一反三，掌握编程核心思维，为后期学习更多技能打下基础。

图形化编程课采用 Mind+、源码编辑器、扣叮等图形化编程软件进行教学。图形化编程相对于代码编程而言，简化了逻辑关系和语法，学生更容易上手。

有学过图形化编程课程的学生，以后学习人工智能、手机开发、智能硬件开发等课程会掌握更快，理解更深入。而且这个课程可以作为奥林匹克信息学的入门课程。具体内容如

表 6.3 所示。

表 6.3 图形化编程课程学习模块

年级	课程目的	课程内容	项目名称	学时
初级班	让学生逐渐掌握计算思维，包括业务逻辑思维、数据逻辑、算法、创新创意数字化应用等技能，培养学生的创造性思维和创新能力，促进学生团队合作和语言能力的全面提升	了解图形积木的使用及了解程序的结构	小鱼快跑、真假鱼王、躲避海怪等	30
中级班		进一步了解图形化编程积木的复杂功能	坦克大战、航天战机	30
高级班		深化学习编程技巧，懂得利用数学算法简化编程复杂度，打下算法基础	弹簧床、滑雪赛、赛马等	30

2. 课程的实施

课程采用项目式学习，每次课教师设计一个游戏或动画，学生从模仿→理解→再创新的形式循序渐进。

通过引导学生设计和制作动画、游戏，从易到难，让学生逐渐掌握编程思维，包括业务逻辑思维、数据逻辑、算法、创新创意数字化应用等，为学生学习信息学打下算法基础，让学生体验程序设计奇妙的效果和数字世界的无限创意。

（三）科创实验特训

1. 课程内容规划

科创制作是创客教育中的一个重要环节。科创实验可有效提高学生的动手能力，通过动手实验能更深入理解课本知识。

科技类实验包括科技、物理、化学、生物等实验科目，根据比赛作品需求、学科课本提高需求、增长知识面需求精选科学实验，如搭纸桥、纸火箭、神奇的二氧化碳、火焰掌等。

2. 课程的实施

课程采用项目式学习方式，每节课定一个主题，由 1 个或多个实验组成，以老师演示→学生观察→学生动手→老师讲评→学生路演几个主要环节进行。

实验所需器材由授课老师提前做好准备，实验地点根据实验内容而定。

（四）3D 建模设计与打印

1. 课程内容规划

3D 视频动画比赛、3D 打印比赛、创客比赛等赛事中都需用到 3D 建模技术，可参加教育部公布的白名单赛事予以展示教学成果。

如果有 3D 打印机还可将学生作品打印出来，创意物化既可展示教学成果，也能进一步提高学生的学习兴趣。

3D 建模是 3D 动画设计、3D 打印的基础，也是创客教学作品物化的一个重要环节。课程主要指导学生学会 Blender、3D Max 等三维建模软件的使用。

前期从简单的几何模型开始到复杂作品的设计。中期学习渲染及生成视频动画，后期创意制作。具体安排如表 6.4 所示。

表 6.4　3D 建模设计与打印课程学习模块

学段	课程目的	课程内容	学时
前期 入门班	发展学生立体空间思维，掌握使用二维布局体现三维物品能力	3D 模型设计	30
中期 提高班	通过观察复杂立体物品的逆向分割，使学生能通过简单形状组合完成复杂三维物品的建立。学会使用骨架等技术制作三维动画	3D 打印与视频动画	30
后期 竞赛班	通过参与赛事，进一步将学习知识与实际需求相结合，从而使学生在艺术人文、科技制作、数字创意等多方面得到提升	创意制作	30

2. 课程的实施

前中期采用项目式学习，以示教再现的形式进行教学，教师挑选适合学习进度的 3D 模型进行展示，手把手教学生制作，根据学生学习情况实时点评并讲解正确方法。

后期创意制作，采用探究型学习，教师只给题目，不先演示作品，学习中逐步展示教师的创作思路及方法，把学习方向主动权交给学生。

（五）激光切割与纸艺

1. 课程内容规划

本课程主要学习瓦楞纸切割制作造型、LaserMaker 等激光切割软件的使用。

创客作品外观制作除了 3D 打印外，目前使用最多的是激光切割和手工刀片切割瓦楞纸。激光切割作品平整度高，使用木板切割耐用性更强，通常为创客马拉松现场赛的主要工具。部分作品可采用瓦楞纸切割组装造型。

纸艺与数学、科学、工程、技术和艺术诸多学科产生密切的联系，创意造型赋予了纸张不同的形态、功能，能解决生活中的一些问题，在创作过程中，不仅生成创新的产品，培养学生解决问题的创新思维，还可以强化学生的生活创新意识，将纸艺带来的创新体验延伸到生活的其他方面。

2. 课程的实施

瓦楞纸切割课程采用探究型学习方式，无须电脑辅助操作，学习内容包括美工刀、剪刀、热熔胶枪等的使用，根据需求切割组装出需要的造型。

激光切割的学习重点在电脑操作上，学会将需要的模型采用激光切割软件进行画图。前期教师演示操作，后期学生自主创作，教师指导修改。激光切割作品和瓦楞纸创作作品最终落地成实物作品。

（六）手机开发

1. 课程内容规划

智能手机现在已是人们生活中的一部分，学会智能手机 App 开发，可以将创意延展到生活中的每个细节中，创客作品制作中，结合手机 App 开发可以使作品更丰富，表达能力更强。

本课程采用 MIT 的 App Inventor 作为开发工具，学习安卓手机 App 的开发，学会开发手机 App 包括小程序、小游戏等。学会蓝牙通讯，能结合智能硬件实现互动控制。让学生在面向真实问题解决的移动应用作品探究过程中，综合运用计算思维、数学化学习能力及其跨学科相关概念来设计与制作移动应用作品，感受移动应用 App 在连接人与数字虚拟世界、现实物理世界的便捷性，从而达到培养学生的创新意识与实践能力的目标，形成积极探索、勇于实践、乐于合作的学习态度与品质。

2. 课程的实施

在学校机房内搭建的 App Inventor 开发平台进行教学授课，使学习图形化编程的学生比较容易掌握。在具体的授课中，让学生在面向真实问题解决的场景中学习，比如控制我们的家电、制作一款休闲游戏、开发一个协助我们日常使用的管理软件等等。以老师提出任务→知识技能讲解→学生协同任务完成→作品分享→师生点评几个主要环节进行。

参加比赛时可将开发平台安装到学生自己的笔记本电脑中。

（七）智能硬件开发

1. 课程内容规划

目前，创客现场赛一般支持使用的开发板主要有 Arduino、micro:bit、掌控板等，通过这些开发板结合硬件模块，学生可以搭建各种智能化的电子电路设备，是创客物化作品必学的内容。

目前创客比赛、人工智能比赛、发明比赛中，智能开发板的使用占比最高。

学生主要运用 Linkboy 在电脑虚拟环境中认识 Arduino 并学会使用。使用 Mind+，MyPython 等软件编程控制 Arduino、掌控板等开发板。学会使用 Arduino、micro:bit、掌控板等开发板的扩展板和各种传感器搭配使用。达到培养学生的科学探究能力、创新思维、信息技术与电子技术等未来工作时需要的技能与素质。

2. 课程的实施

课程采用项目式学习方法，每节课完成一个作品，根据作品的功能学习涉及的软件。从红绿灯控制到图像识别语音控制，舵机、马达控制等，从易到难循序渐进。

（八）人工智能开发

1. 课程内容规划

中小学人工智能课程是近几年新兴的课程，与创客课程基本一致，区别在于人工智能开发更倾向于考查学生对人工智能技术的理解和使用。人工智能学习一般包括语音识别、图像识别、语言翻译等。

2. 课程的实施

课程分软实现与硬实现两部分：

软实现：使用图形编程软件学习图像识别、深度学习、机器学习等内容。

硬实现：人工智能模块的使用，如语音模块、哈士奇智能摄像头等等（需购买硬件）。

采用项目式教学，每节课学会使用一种人工智能开发方法，并使用该方法完成一个小项目的构思和制作。

3. 课程效果

为了实现“双减”，切实为学生减负，课程力求将课本内容与实际作品结合，从而实现学科融合，逐步完善教学方法与内容。以下学生获奖作品可体现部分课程效果。

学生作品例子 1——《双子星实验瓶》，如图 6.1 所示。该作品是学生在参与化学实验中发现，很多气体，比如二氧化碳等是无法直接观察到其温度、密度等参数变化的，所以，在化学实验瓶中加入了气压传感器、温度传感器，采集这些传感器的数据并将这些数据转化成动画的形式在电脑上播放出来，使实验数据更加直观。

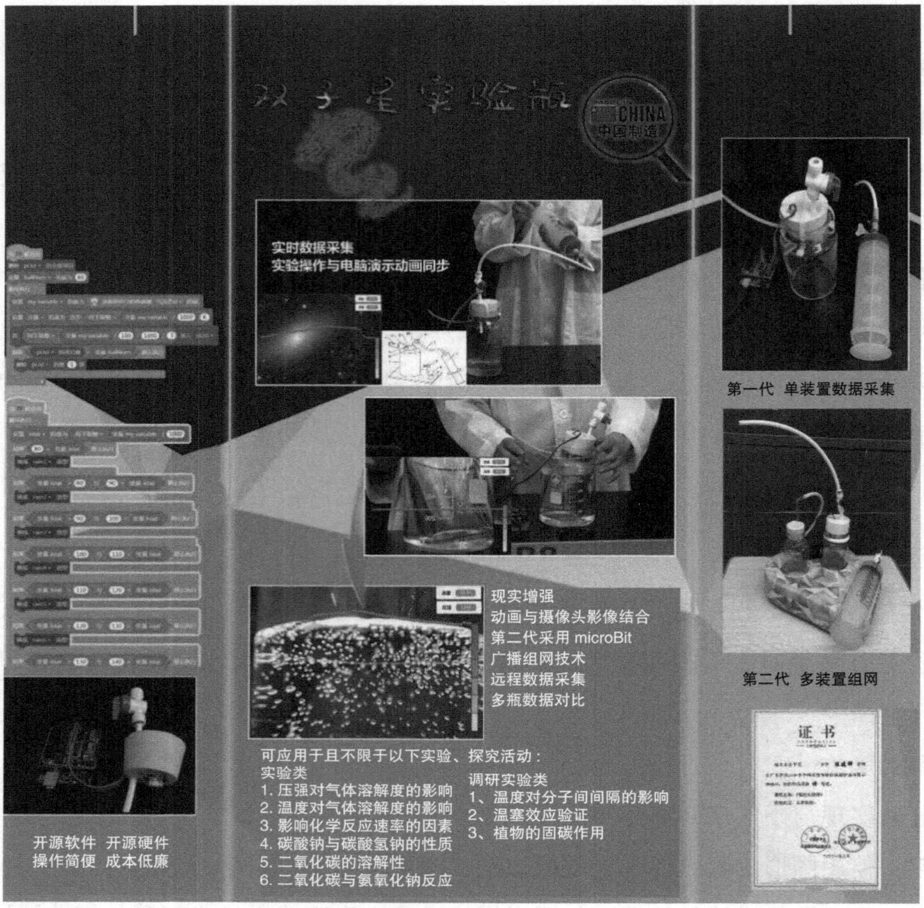

图 6.1 双子星实验瓶

为了完成这个项目，学生要掌握多个气体有关的实验以获取需求。

为了应答这些需求并做出相应改进，学生学习了图形化编程、智能硬件开发，用其采集数据并将数据转化为实时动画，学习了摄像头开发技术，学生将动画与摄像头的内容进行叠加，使观察者既可观察到实验瓶里实物的变化，如颜色的变化、气泡的变化等，又可以直接从叠加在摄像头画面上的动画直观知道瓶中实验的进度。

为了让作品完整可以正常使用，学生学习了 3D 建模技术对瓶口进行改造、封装和外观制造。实验瓶可用于“二氧化碳的性质”“气体溶解度与气压的关系”“温室效应的检验”等至少 8 个实验。学生在作品的制作过程中不仅加深了物理气压实验的印象，更提前掌握了多个化学实验及其原理。该作品已经成功申请专利。

学生作品例子 2——《多媒体眼球》，关于眼球的成像原理和凹凸透镜的成像分别是初二生物和物理的教学内容。学生在参与这些实验活动中，发现这 2 个科目的实验器材完全可以合二为一，加入电子传感器后，将数据采集到电脑中，以动画的形式呈现，可以解决光线传播过程无法直接观察到、实验器材太小、人多的时候看不清楚等缺点。

围绕这些想法，学生根据创客课程中学到的知识制作出了一台跨学科的实验装置，装置不但呈现眼球的结构特征，还可通过电脑控制，实现实验装置凹透镜、凸透镜、平透镜的自动转换，而且可控制镜片的位置移动，并在镜片移动过程将光线通过这些镜片时的实时变化采用动画的方式绘制于电脑中。制作这个作品过程中运用了图形化编程、智能硬件开发、3D打印、激光切割等技术。为了绘制科学正确的动画图形更提前掌握了焦距、物距、像距等概念并学会了使用其计算公式。该作品已经成功申请专利，如图 6.2 所示。

图 6.2　多媒体眼球

学生作品例子 3——《一种新型救援航标》，学生在学习地理及时事政治知识过程中，认识到我国海域广阔，许多小岛屿、岛礁由于远离陆地无法实时监管，经常会被不怀好意的侵略者占用。

根据南海部分地区暗礁多事故频繁、降雨充沛等特点，设计了一种新型的救援航标，该航标可自动检测风力及降雨情况，根据实际情况，采集雨水并进行消毒过滤并保存于航标底部，航标暗格藏有压缩食物等遇险者急需物品。航标设置通讯求救装置，使海上遇险者能及时获得淡水食物及发出救援信号。航标固定于海上暗礁之上，航标上有国旗及提示信息，如图 6.3 所示。在实施人道救援的过程中，宣誓了国家领土主权。

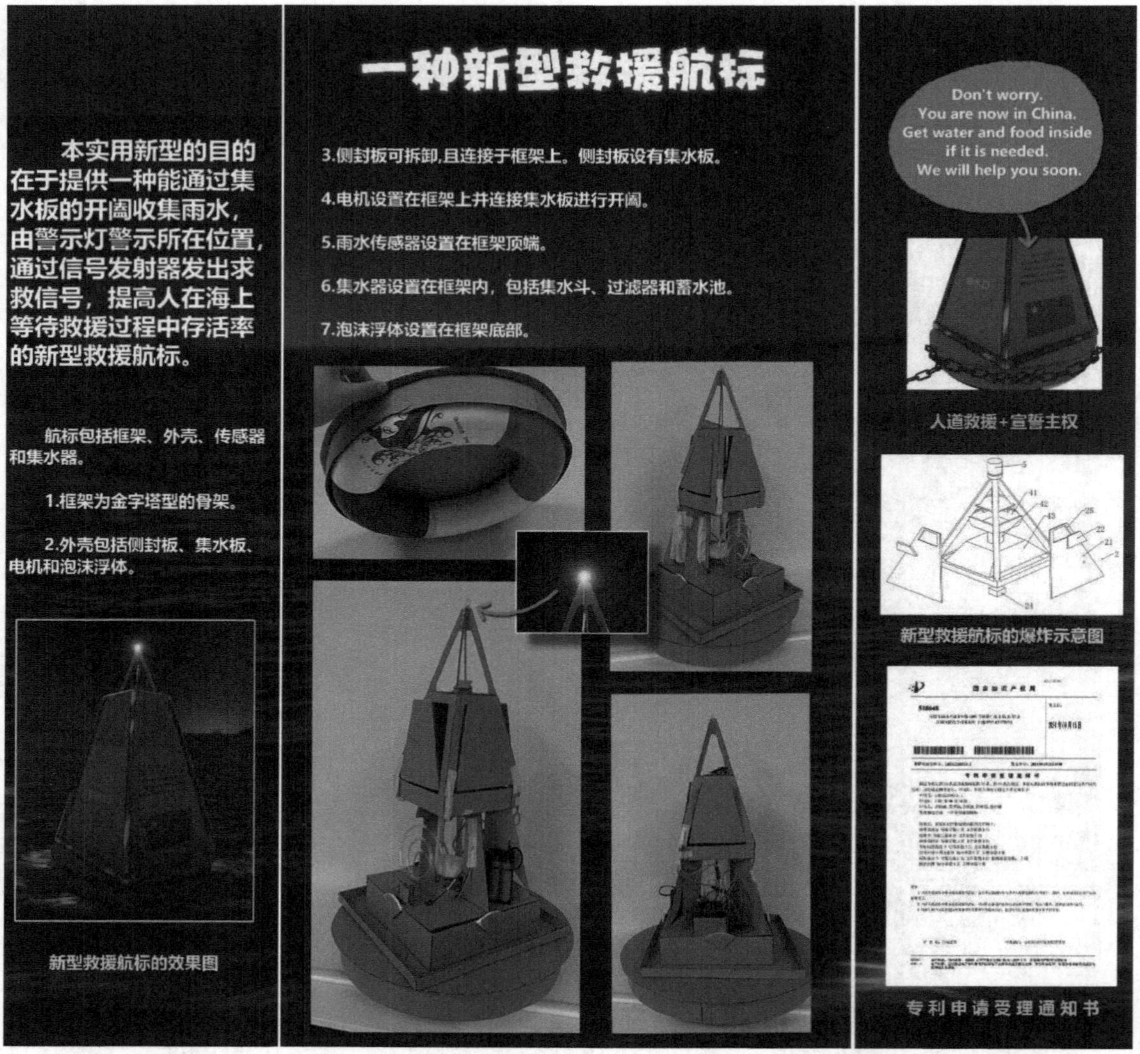

图 6.3　一种新型救援航标

在制作作品的过程中，学生对课本知识、国际政治形式、创客技术的了解都得到了进一步加深，爱国主义的种子悄然种在学生心中。该作品已经成功申请专利。

类似以上跨学科教学项目只是整个教学工作的几个较典型的例子，实际上课程内容还涉及大量的数学知识和人文知识等。比如，用奥数中的“种树问题”来改进程序运行速度，利用三角形的性质来计算机器人的行走方向，用灯谜知识、历史知识来完成灯谜抢答系统等。目前每学期都会有新内容的加入及修改，由于课程教学内容和方式新颖，吸引着越来越多的学科老师加入课程的共同研发。

自 2021 年韩附创客中心创办以来，不断根据学校实际情况改进课程，培训学生并积极组织参加科技类竞赛活动，成绩斐然。多次获得国家、省级奖项，每年均有学生作品成功申请专利，数量呈现逐年上升趋势，在澳门国际发明展上，学生作品获得银奖，多名学生获得星河奖奖学金。

组织学生参加比赛不只是检验学生的学习成果，更关键的是课程内容的设计需要符合社会需求，为学生未来踏上社会打下坚实基础。

案例二
救援夹子设计

一、课程简介

地震给人们生活带来了很大的伤害，在地震发生后当务之急就是展开救援工作，人被压在建筑里，救援人员只能从建筑与建筑之间的小缝隙和幸存者交流。

用什么办法可以通过废墟狭缝，送一些救援物资比如营养液给幸存者呢?

救援夹子通过抗震救灾的例子，引导学生思考机械救援夹子的结构及作用，最后理论联系实际应用救援夹子模拟救援场景。

二、适合学段

小学 3—4 年级。

三、涉及学科

数学、机械。

四、课程提供

黄金丰。

五、活动设计

（一）创设情境，进入主题

教师以真实问题“四川汶川地震”为驱动，为学生搭建问题型学习支架（图 7.1）。教师以具体的现实问题，激发学生的兴趣以及对创意物化的强烈欲望。

2008 年 5 月 12 日 14 时 28 分
四川汶川发生 8.0 级地震
那一刻，地动山摇
那一刻，万物俱灰

69227 人死亡
374643 人受伤

这不是一串冰冷的数字
而是一条条鲜活的生命
是我们患难与共的同胞

图 7.1　创设情景示例

（二）明确目标，学习探究

1. 明确学习目标

告知学生目标，使学生了解具体的学习内容和学习目标（图 7.2）。

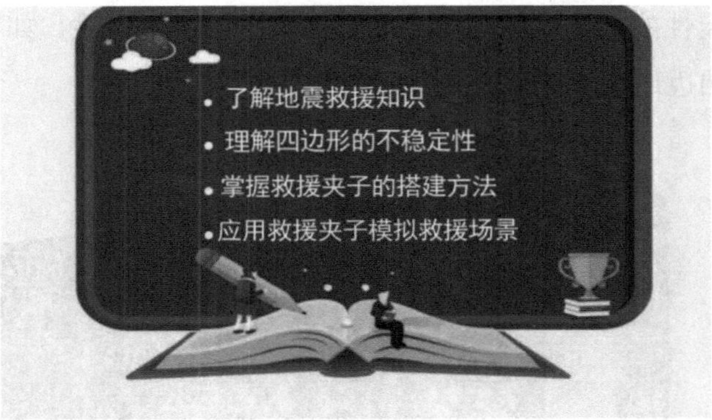

图 7.2　学习目标示例

2. 学习探究

（1）夹子的结构。

引导学生仔细观察夹子的特点，思考夹子是什么样子的？由哪些结构组成呢？发现夹子的钳口两部分是通过中间的轴连接的，如图 7.3 所示。

图 7.3　夹子的结构

引导学生思考光销和摩擦销的区别，如图 7.4 所示，光销的表面光滑，摩擦小；摩擦销的表面有小凸起，连接起来更加稳定，以及夹子中间的连接结构需要使用哪种结构。

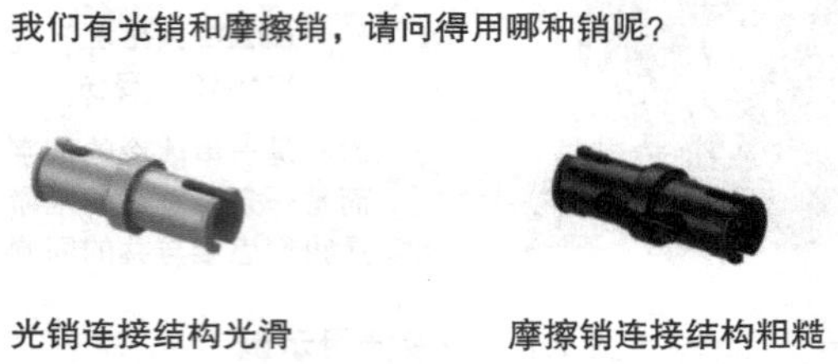

图 7.4　销的类型

（2）救援夹子的结构。

在地震中使用的救援夹子需要变形，引导学生思考什么形状具有不稳定性？

三角形具有稳定性，而四边形结构在一定力量的挤压下会发生形变，引导学生思考生活中应用四边形的不稳定性的例子；伸缩门运用到四边形的不稳定性，如图 7.5。救援夹子需要变形，所以就用到了四边形。

图 7.5　伸缩门的结构

3. 实践造物

（1）构思作品。

制作一把可伸缩的救援夹子。如果把手把的地方做成剪刀的手把，用手撑开的力可以代替弹簧撑开的力，如图 7.6 所示。

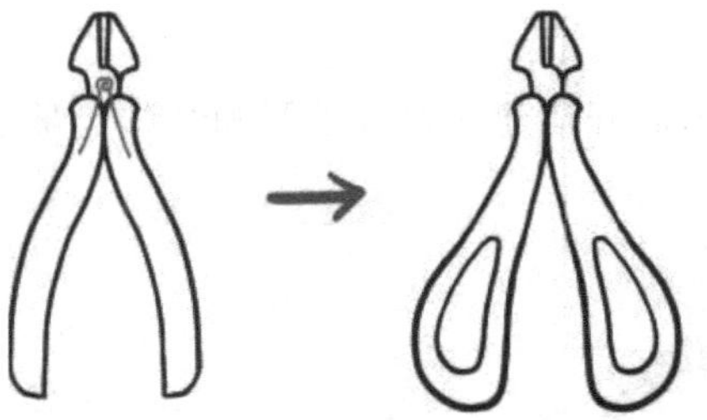

图 7.6 剪刀的手把

然后把钳口增加杆的装置模拟伸缩门就可以实现远距离伸展，如图 7.7 所示。

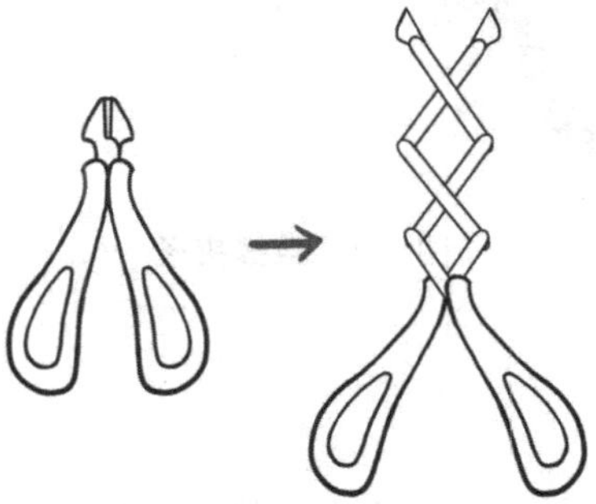

图 7.7 救援夹子的造型

（2）搭建要点。

① 钳口结构的搭建用到摩擦销。

② 夹子的旋转轴得用光销。

③ 伸缩结构使用连杆注意要一样长。

（3）器材准备。

制作一把救援夹子需要用到的材料主要有连杆积木，方形积木，光销等，如图 7.8 所示。

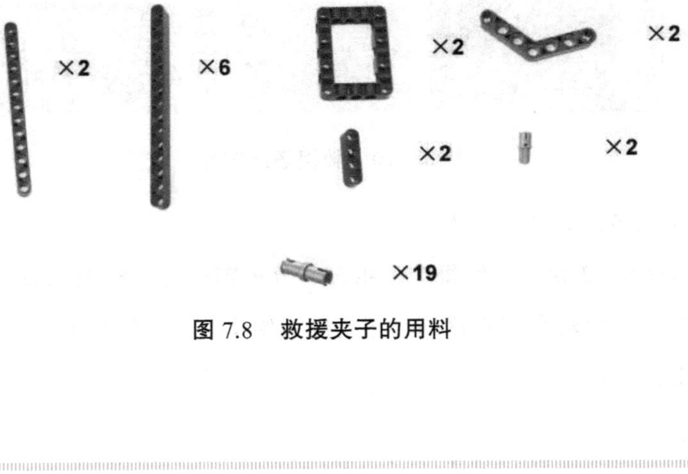

图 7.8 救援夹子的用料

（4）作品制作。

在教师的指导下，学生分组展开搭建。通过学习和尝试，学生顺利完成救援夹子的搭建，如图 7.9 所示。

图 7.9　**救援夹子**

4. 项目拓展

（1）救援小任务。

①场地布置：A 区域为营养物品区（在桌上放远近不同的营养物品）；B 区域为救援队员（队员手里配救援夹子）；C 区域为地震区域（用桌椅模拟废墟杂乱摆放，一位同学在桌椅后模拟幸存者）如图 7.10 所示。

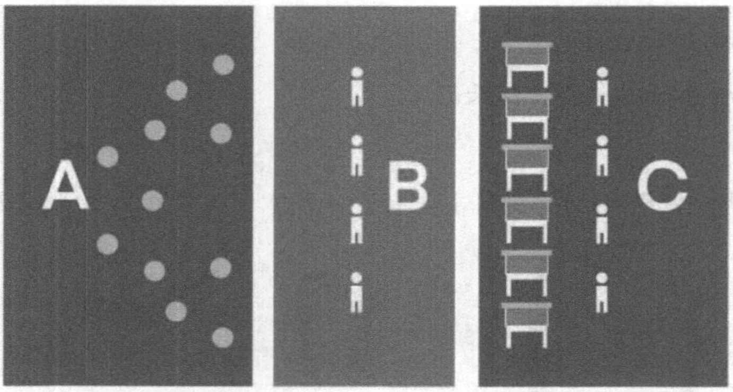

图 7.10　**救援场地布置**

②人员分配：分成 4 组，每组 2 人。

③救援规则：救援共 2 轮，每轮每个小组在 2 分钟内接力，救援人员在 B 区域，以最快的速度夹起一个营养物品，迅速转身到 C 区域通过缝隙送给幸存者，反复游戏。3 轮累计幸存者拿到营养物品最多的则获胜。

（2）总结归纳（表 7.1）。

表 7.1　总结归纳

需求	可帮助救援人员给被埋在地震废墟里的人们输送救援物资
方案	做成了一把可以用于救援的伸缩夹子
原理	利用四边形不稳定原理设计伸缩结构
改进	可在救援夹子上装一把灯，这样在黑暗的环境里面也可以夹东西了

（3）分享总结。

要求学生用如图 7.11 所示的思维导图总结学到知识与能力。

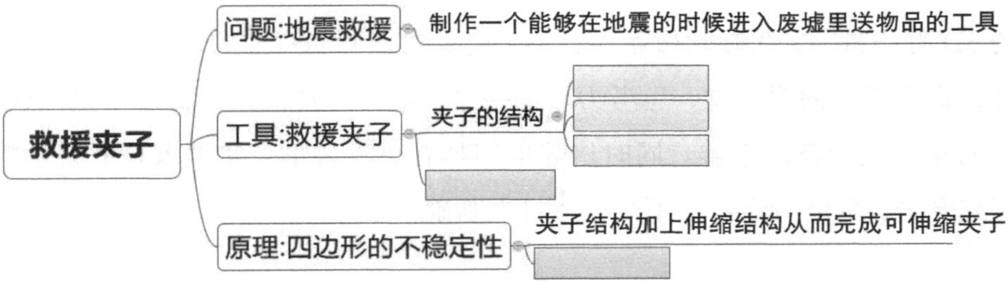

图 7.11　救援夹子的思维导图

案例三

神笔马良——3D 打印笔

一、课程简介

《3D 打印笔》是一项应用技能创新实践课程，它基于 3D 打印，挤出热熔的塑料，然后在空气中迅速冷却，最后固化成稳定的状态。3D 打印笔无须电脑或电脑软件支持，相较于价格较为昂贵的 3D 打印机，它价格比较亲民，插上电就可以开始奇妙的创作，十分方便在小学开展创意设计，提高学生的观察力、思考力、动手操作能力，从而不断促进学生形成技术素养、科学素养，乃至科技创新的素养。同时培养他们具有尊重科学、实事求是的科学精神和最基本的科学探究方法，为终身学习与不断创造打下基础。

二、适合学段

小学一年级以上。

三、设计学科

信息技术、美术、劳动、物理。

四、课程提供

姚敏玲。

五、课程设计

（一）情境故事引入

有没有听过神笔马良的故事？马良梦到一个白胡子老头赠送给他一只神笔，无论他画什么都能成真。自从有了这个神笔后，马良画的东西都能从纸上跳出来变成现实。那么你想不想也要一只这样的笔呢？

（二）激发灵感

向学生展示 3D 打印笔作品，如图 8.1 所示，激发学生的创作灵感，让学生的想象力从纸张上解放出来。

图 8.1　3D 打印笔作品

（三）3D 打印笔介绍

向学生介绍 3D 打印笔的原理与结构，如图 8.2 所示。3D 打印笔打印需用工具：3D 打印笔、3D 打印耗材、临摹板。

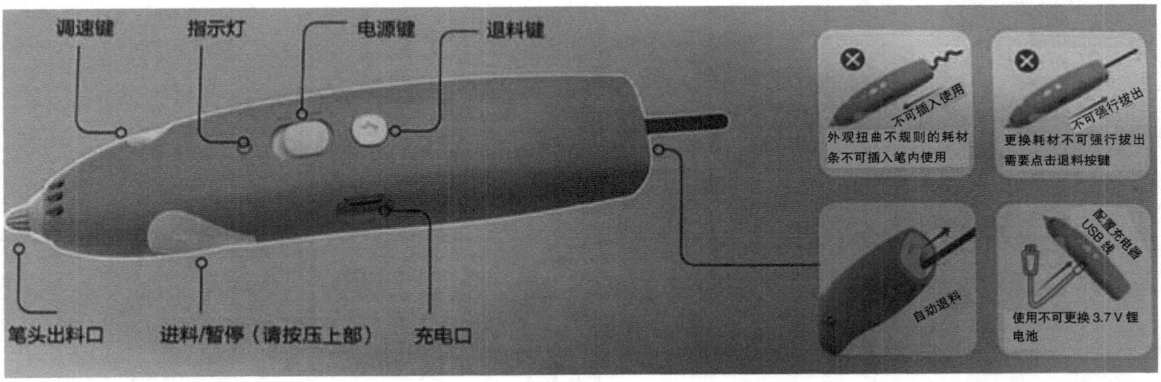

图 8.2　3D 打印笔结构

（四）3D 打印笔使用注意事项

1. 3D 打印笔制作作品使用前注意事项

打开电源键，红色闪烁表示加热，绿色亮起表示预热成功。

将 3D 打印耗材插入进料口，按下进料键，直至出料口出现材料，进料口进料时注意打印耗材的放置。

笔头出料口温度高，注意不要被烫伤。

3D 打印笔内部会有上次未用完的耗材残留，要等待余料挤出后再开始制作作品。

2. 3D 打印笔制作作品使用中注意要点

作图必须要在临摹板上，先画边框再填充是最佳制作顺序。

控制出丝速度，要使其均匀地粘在临摹板上，图形连接点要用料多些，避免断开。

创作空间结构的物体时，尽量使出丝速度慢些，否则出丝在未快速冷却的时候容易塌陷。

3. 3D 打印笔制作作品使用后注意要点

退料时不要硬扯耗材，等待耗材完全退出。

需要等待图形冷却后才可脱离临摹板。

若 3D 打印笔在使用过程中绿光闪烁，表示 3D 打印笔电量不足。

（五）任务模仿

教师提出不同层次的任务，学生自己根据能力和完成的速度进行创作，当然可以适当地发挥自己的想象力，制作一个相对完善的作品。

表 8.1　不同层次的任务

任务	内容	打印效果
基本任务	个人名片	
拓展任务	给名片加上个性的“勋章”	

续表

任务	内容	打印效果
延展任务	创意相框	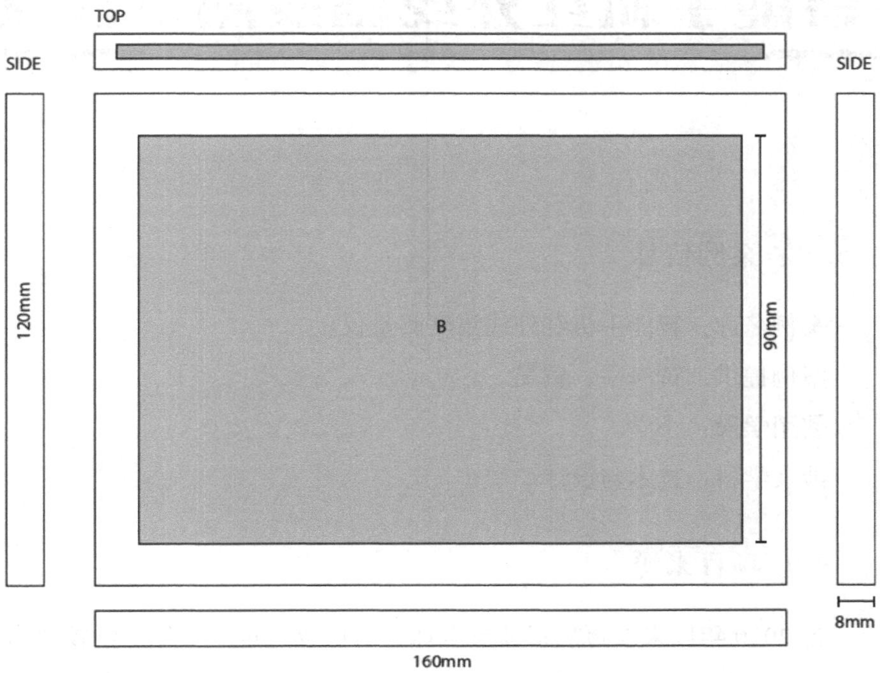

（六）作品分享与评价

1. 作品分享

学生分享自己的创意作品，交流自己在课程中的收获与感受。

2. 作品评价

教师组织学生进行作品评价，鼓励学生说出自己的构想或创新点，为下一步创意作品的制作提供灵感。

案例四

智能手机红外线温度测量仪设计

一、案例信息

案例名称：智能手机红外线温度测量仪。

案例提供：黄海平、黄昊。

使用学段：小学。

涉及学科：技术与设计。

二、项目来源

自 2020 年以来新冠病毒肆虐全球，防控成为重点工作。学校要为防疫预案做好各方面的准备，测量体温成为发现发热症状的重要手段。

在现实测量体温的过程中，学生发现存在以下的一些问题：

1. 传统水银温度计存在问题

使用传统的水银温度计测量体温，虽然水银温度器比较准确，但测量时间较慢，而且可能存在交叉感染的风险。并且测量出来的数据需要人工登记，统计不方便。

2. 红外线温度测量仪存在问题

使用红外线温度测量仪，虽然有测量速度快、免接触、避免交叉传染等优点。缺点也是需要人工登记，统计不方便。

3. 红外线热成像测量仪存在问题

还有在学校门口设置红外线热成像测量仪，虽然测量准确，速度快，但需要固定安装，对于班级学生测量不方便，没有数据登记统计功能，且价格昂贵。

三、项目设计

（一）提出任务

基于上述的温度测量方法及测量器材的问题及特点，需要设计制作一款方便快捷，易操作、易统计，且价值便宜的温度测量仪。

（二）设计方案

方案提出：结合实际需要，考虑通过设计制作一款手机 App 控制的红外线温度测量仪。

（三）运用科学原理

1. 手机蓝牙通信技术

2. 红外辐射能量原理

一切温度高于绝对零度的物体都在不停地向周围空间发出红外辐射能量。物体的红外辐射能量的大小及其按波长的分布——与它的表面温度有着十分密切的关系。因此，通过对物体自身辐射的红外能量的测量，便能准确地测定它的表面温度，这就是红外辐射测温所依据的客观基础。

四、项目实施

（一）功能设计

根据校园的实际情况，需要一款方便携带、快速测量、便于数据统计，能一键通过短信形式通知家长，且价格便宜的温度测量仪。

智能温度测量仪是一款在红外线温度测量仪基础上结合手机 App 应用的一款智能温度测量仪器。

其原理：首先将装载学生名单的表格导入到手机内存卡中，打开手机 App，通过蓝牙连接智能温度测量仪，连接成功后，点击 App 测量按钮。此时手机通过蓝牙发送测量温度命令到 Arduino 主板，控制红外温度传感器进行测量，当测量出数值后通过相应的计算公式，计算出物体表面温度和环境温度的数值，并返回到手机端，手机把数据录入到相应的学生名单列表中。当整个班级的数据测量完毕，按分析按钮，进行数据分析，查找出温度异常的学生名单，老师核实后，使用发送短信按键，系统会以短信的方式发送给家长。

（二）材料选择

为了实现以上功能，本项目选择串口红外线测量模块、蓝牙模块、Arduino mini 板、手机等。

Arduino 主板使用双串口技术，其中串口 1 连接蓝牙、虚拟串口 2 连接串口红外线传感器。

（三）作品创造

工作流程图：手机发出测温指令到蓝牙模块，蓝牙模块接收指令后传输到 Arduino 主板，主板接收到蓝牙模块的命令，发出一条特定的命令到红外温度传感器，传感器测量温度，并返回一帧 16 位数据到 Arduino 主板，Arduino 主板根据程序算法，计算出物体表面温度值和环境数值，并通过蓝牙模块返回到手机屏幕中的相对应学生名单的温度数据列表中，并在屏幕显示，如图 9.1 所示。

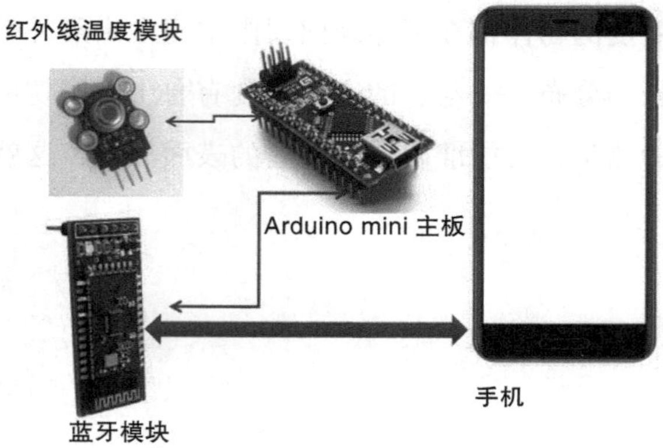

图 9.1　智能手机红外线温度测量仪结构图

1. 编写程序

根据设计思路规划工作流程，进行相关程序编写。编写好程序后还需进行多次测试、调整，最终得到最优化的程序。

2. 搭建结构

（1）原件装配。

通过 Arduino mini 板根据功能进行相关的串口红外线测量模块、蓝牙模块装配，如图 9.2 所示。

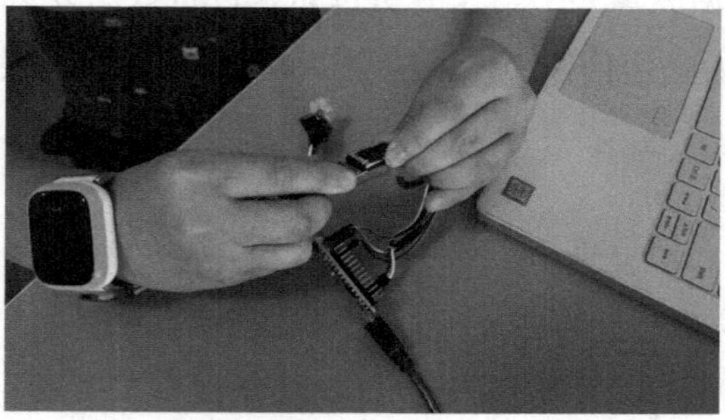

图 9.2　原件装配

（2）制作 3D 外壳。

可以通过三维建模软件设计产品外观，如图 9.3 所示，再用 3D 打印机打印出来，也可以通过激光切割机切割结构件再进行组装。

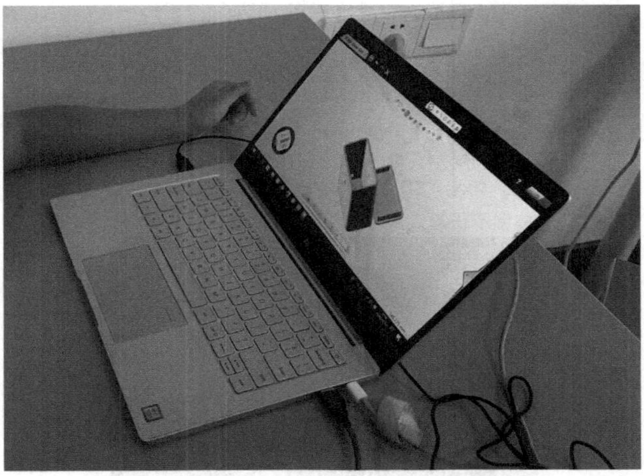

图 9.3 制作 3D 外壳

（3）作品合成。

将电路、程序和结构体合成一个作品，如图 9.4 所示。

图 9.4 作品合成

五、作品展示与分享

（一）作品展示

利用智能手机红外线温度测量仪的测温结果，如图 9.5 所示。通过手机控制红外线测量仪，获取温度数值，解决数据存储问题，方便准确、快速统计数据。

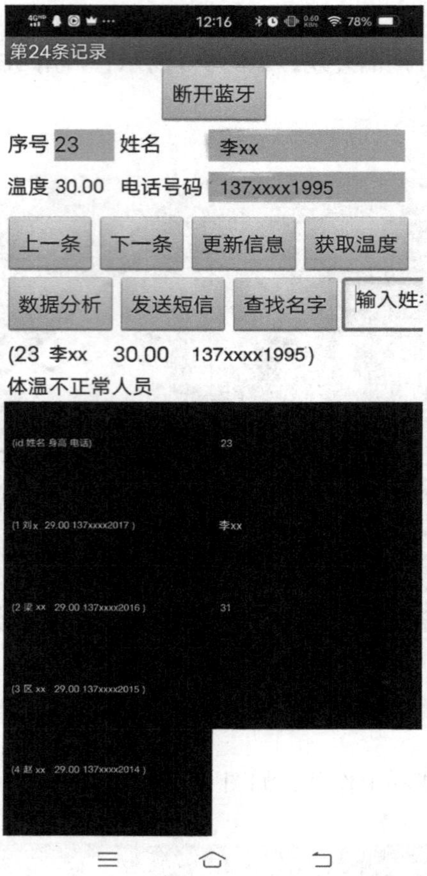

图 9.5　测温结果显示

在使用过程中发现，可以在外形上和电源上进一步优化，使其更能与手机结合，在数值方面通过测量数据调整数值偏差，使数据更加准确。

（二）作品分享

本作品参加“詹天佑杯”青少年科技创新大赛。

案例五
校园停车系统设计

一、案例信息

案例名称：校园停车系统。

案例提供：周泽莹。

使用学段：初中七年级。

涉及学科：人工智能、信息科技、综合实践。

二、项目来源

在创客课程的项目研究中，学生从生活现象中发现问题，在解决问题的过程中，促进学生创新思维的发展和创新能力的提升。

每当放学，很多家长开着车来接孩子回家，由于家长要先把车停在学校门口附近，再下车走到学校门口接上孩子，于是我们就会看到每次放学的时候学校门口的车辆拥堵现象，怎么解决这个问题，让开车的家长有序排队并且方便快捷地接上孩子，更顺利地回家呢？生活中遇到的这些现象和问题，由此引发了大家的思考，一个创客主题由此产生。

三、项目设计

（一）提出任务

教师以此事件入手，如何防止校门口的拥堵，快速地使家长接到孩子，引导学生开展创客课程项目。

（二）形成创意

1. 征集想法

教师设计情境，激发学生的好奇心。组织学生针对问题进行头脑风暴，引导学生从不同角度思考问题，培养学生善于观察生活、发现和总结问题的思维方式，如表 10.1 所示，在学生的心中埋下创新的种子。

表 10.1 学生分析问题

问题描述	方法	具体内容

2. 可行性分析

组织学生进行交流讨论，通过认真听取他人的疑问和建议，引导学生对自己的方案的可行性进行分析，如表 10.2 所示。

表 10.2 方案的可行性分析

具体方案	存在缺陷	是否可解决问题	解决办法	是否可实施

（三）形成方案

结合分析结果，各小组可以设计解决问题的方案，根据创作思路进行具体方案设计，制订好完成作品的时间计划和组内成员分工，如表 10.3 所示。

表 10.3 校园停车系统设计规划书

作品名称			
作品成员			
任务描述	具体内容	分工情况	完成情况
准备解决的问题			
要实现的功能			
可行性分析			
设计构思			
科学原理依据			
材料需求			

续表

设计图例			
制作步骤			
问题与困难			

四、项目实施

（一）功能设计

校园停车系统的基本功能为：学校放学时间，家长开车接送孩子时，可以不用下车到校门口等孩子，避免造成放学时间段校门口车辆拥堵，家长只需要将车开到校门口摄像头范围，打开车窗，摄像头识别出这是哪个学生的家长，在校内显示屏上，显示“某某学生，你的家长到了”，这时候该学生走到校门口，校门口摄像头识别到该学生信息匹配，打开闸机让学生走到家长车上。

（二）作品设计

我们在确定了创作思路后，就开始绘制作品的实物设计图，然后确定用的材料和制作的方法，确定哪些需要激光切割加工，哪些需要手工制作。

（三）材料准备

实现项目的基本功能所需器材：KT 板、塑料板、热熔枪、热熔胶、若干纸皮、盛思掌控板、视觉模块、重力传感器、舵机模块、连接线若干。

（四）主体组装

根据项目的设计，在教师的指导下，学生分组开始动手展开组装搭建，把切割好的亚克力零件用热熔胶粘合起来，如图 10.1 所示。

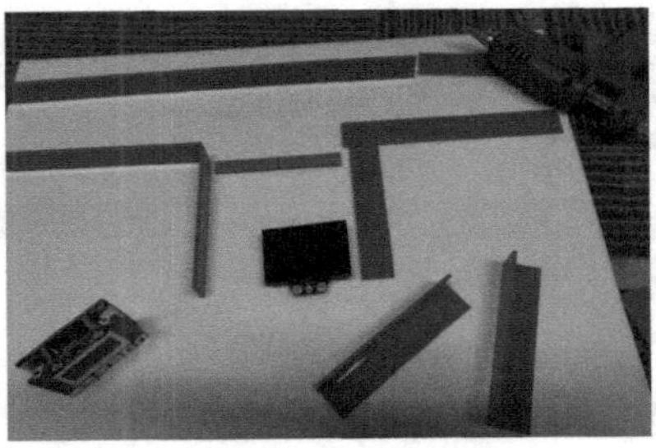

图 10.1　主体组装

除了主体外，用手工制作的方式制作人物道具，如图 10.2 所示。

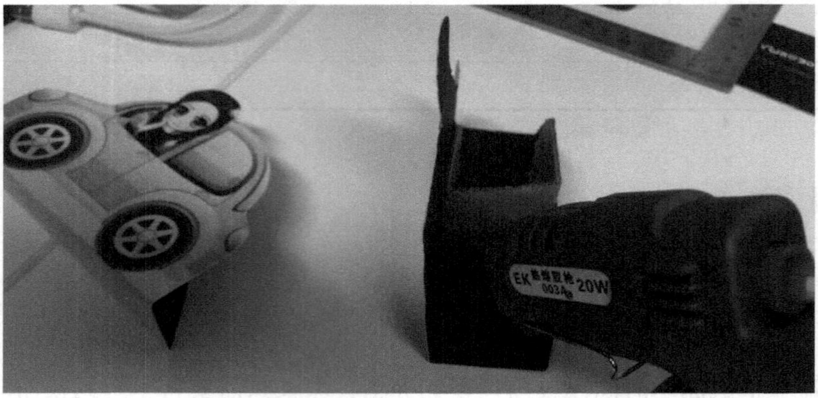

图 10.2　人物道具

（五）编程调试和智能硬件测试

硬件装配前，学生参考教师提供的学习资料进行测试和编程调试，如图 10.3 所示。

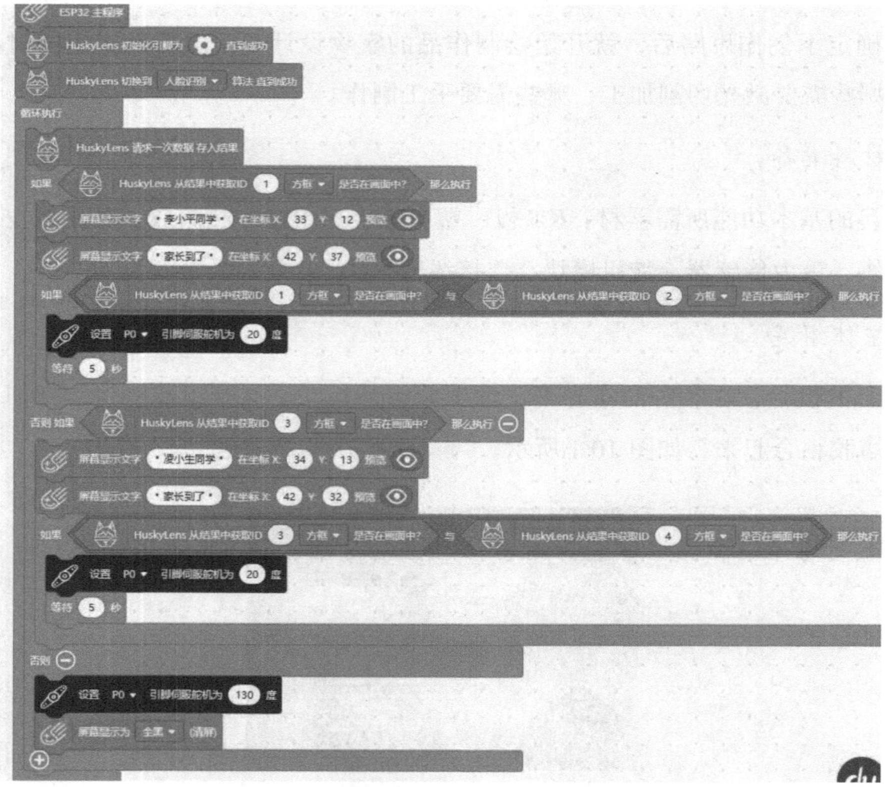

图 10.3　编程调试

除了进行编程调试外，还要对视觉模块进行测试，测试视觉模块能不能正常识别人物道具的脸，还要测试视觉模块的安装位置与人物道具的高度、移动位置相适应，如图 10.4 所示。

图 10.4　视觉模块的测试

（六）硬件安装

把硬件安装在作品上，把杜邦线整理整齐，检查需要加固的地方，用热熔胶加固，如图 10.5 所示。

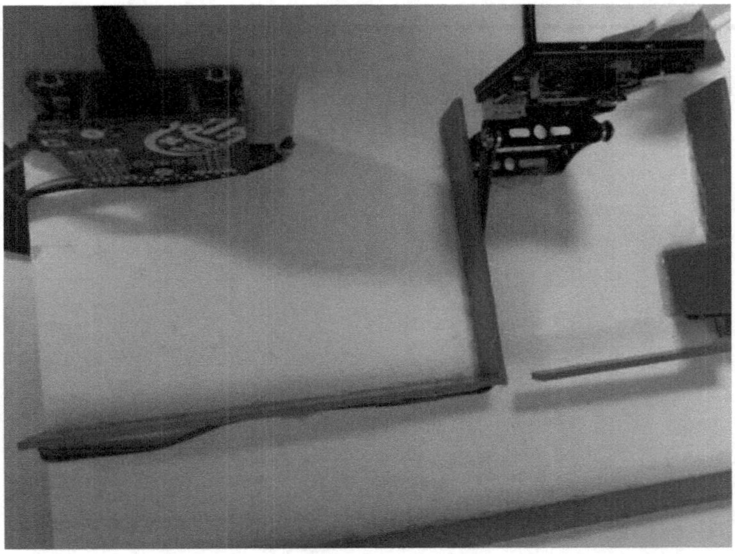

图 10.5　硬件安装

（七）整体调试

组装好的作品还要进行一次演示测试，测试作品功能和效果是否达到预期，如图 10.6 所示。

图 10.6　整体调试

五、作品展示与分享

（一）作品展示

作品完成后，学生进行了一场别开生面的“展示会”，各组成员可以介绍本组的作品。

小组作品图:（手绘、照片）

（二）交流评价

在完成作品后，教师组织小组进行作品展示和汇报。其他小组参考教师的评价表，如表10.4所示，进行点评，提出疑问和建议。

表 10.4 本主题活动的评价表

请根据本主题活动的学习情况，给一定数量的星星涂色，并说明原因。

自我评价： ☆☆☆☆☆	原因：________________ ________________
小组评价： ☆☆☆☆☆	原因：________________ ________________
教师评价： ☆☆☆☆☆	原因：________________ ________________

我在这节课收获最多的是：

____

____

我在这节课做得不好需要努力的地方是：

____

____

案例六

校园共享篮球机系统设计

一、案例信息

案例名称：校园篮球机系统。

案例提供：周泽莹。

使用学段：初中七年级。

涉及学科：人工智能、信息科技、综合实践。

二、项目来源

为增强学生体质，丰富学生的校园生活，学校体育场为同学们提供了丰富的体育运动，同学们可以在体育馆自行借用各种体育用具，给热爱运动的同学们提供了便利。但体育馆管理员的工作却繁忙了起来，众多体育用具的借用登记问题一直困扰着管理员，经常出现忘记登记，不知道有无归还，找不到借用人，借走和归还的体育用品不一致的情况。

三、项目设计

（一）提出任务

教师从真实的问题场景出发，引导学生开展创客项目，就如何减轻器材管理员的负担，又可以方便学生借还体育器材开展项目活动。

（二）形成创意

1. 征集想法

教师设计情境，带领学生体验体育器材管理员一天的工作，让学生从中发现器材管理所存在的管理烦琐问题，引导学生对问题进行探讨，集思广益，生活中你知道哪些自助租借的设备，它们能给你一些启发吗？分享好点子并将发现和思考用文字记录在表 11.1 中。

表 11.1　学生想法征集表

序号	自助租借设备	相应的解决方案	可从中得到的启发

2. 问题分析

组织学生进行交流讨论，根据管理员的问题，请你和小组成员讨论，我们要解决哪些问题，此设备需要实现哪些功能？要怎么样实现这些功能呢？如表 11.2 所示。

表 11.2　方案的可行性分析

序号	问题分解	实现功能	解决设想	是否可实施

（三）形成方案

结合分析结果，各小组可以设计解决问题的方案，根据创作思路进行具体方案设计，制订好完成作品的时间计划和组内成员分工，如表 11.3 所示。

表 11.3　校园篮球机系统设计规划书

<table>
<tr><td>作品名称</td><td colspan="4"></td></tr>
<tr><td>负责人</td><td></td><td>成员</td><td></td><td></td></tr>
<tr><td>功能描述</td><td colspan="4"></td></tr>
<tr><td>科学原理依据</td><td colspan="4"></td></tr>
<tr><td></td><td colspan="2">具体内容</td><td>分工情况</td><td>完成情况</td></tr>
<tr><td>设计图例</td><td></td><td></td><td></td><td></td></tr>
<tr><td>材料需求</td><td></td><td></td><td></td><td></td></tr>
<tr><td>制作步骤</td><td></td><td></td><td></td><td></td></tr>
<tr><td>预期作品效果</td><td></td><td></td><td></td><td></td></tr>
<tr><td colspan="5">问题与困难</td></tr>
<tr><td>序号</td><td>遇到问题</td><td>解决渠道</td><td>是否解决</td><td>具体办法</td></tr>
<tr><td></td><td></td><td></td><td></td><td></td></tr>
</table>

续表

四、项目实施

（一）功能设计

校园篮球机的基本功能为：

通过出示学生卡上的二维码自助借球，和通过扫篮球上的二维码自助还球，设备可以智能识别借球学生的身份和登记借球信息以及还球信息。管理体育器材的老师也可以通过设备上的登记信息知道篮球的去向。还可以通过还球时扫描篮球上的二维码确认还回来的球和借出去的是同一个球，确保篮球不被错误归还和调包归还。

（二）作品设计

我们在确定了创作思路后，就开始绘制作品的实物设计图，然后确定用的材料和制作的方法，确定哪些需要激光切割加工，哪些手工制作。

（三）材料准备

实现项目的基本功能所需器材：

带显示器屏主控板、扩展板、视觉传感器、按钮模块、舵机、塑料球、若干木板。

（四）模型设计

根据项目的设计，在教师的指导下，学生分组开始动手展开模型的设计，用 LaserMaker 软件绘制模型，如图 11.1 所示。

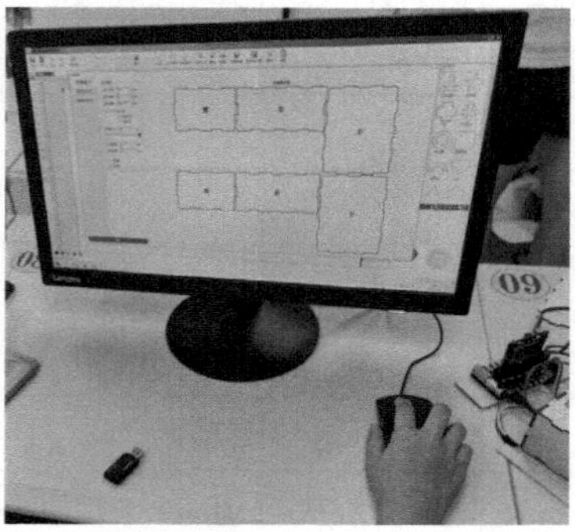

图 11.1　模型设计

确定好模型比例后，用激光切割机将木板切割出来，搭建作品结构主体和硬件安装，如图 11.2 所示。

图 11.2　结构安装

（五）编程调试

小组成员参考教师提供的学习资料，根据功能需求编写程序。编写好程序后还需进行多次测试调整，得到最优化的程序，如图 11.3 所示。

图 11.3　编程调试

（六）作品测试

小组成员对组装好的作品进行调试，测试作品功能和效果是否达到预期，如图 11.4 所示。

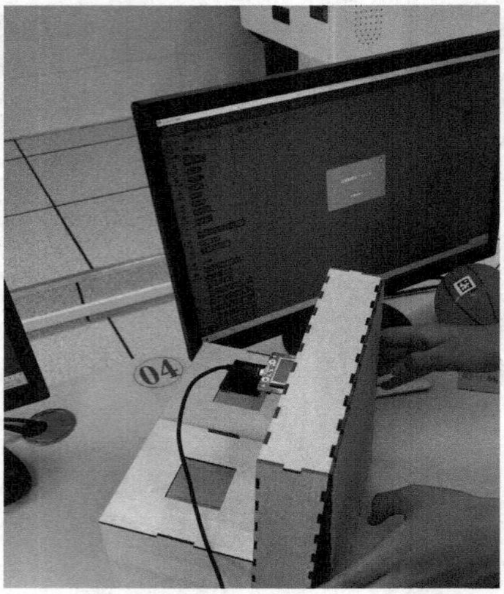

图 11.4　作品测试

五、作品展示与分享

（一）作品展示

作品完成后，学生进行了一场别开生面的“展示会”，各组成员可以介绍本组的作品。

小组作品图:（手绘、照片）

（二）交流评价

在完成作品后，教师组织小组进行作品展示和汇报。其他小组参考教师的评价表，如表11.4所示，进行点评，提出疑问和建议。

表 11.4　本主题活动的评价表

请根据本主题活动的学习情况，给一定数量的星星涂色，并说明原因。

自我评价： ☆☆☆☆☆	原因：＿＿＿＿＿＿＿＿＿＿＿＿＿＿＿＿ ＿＿＿＿＿＿＿＿＿＿＿＿＿＿＿＿
小组评价： ☆☆☆☆☆	原因：＿＿＿＿＿＿＿＿＿＿＿＿＿＿＿＿ ＿＿＿＿＿＿＿＿＿＿＿＿＿＿＿＿
教师评价： ☆☆☆☆☆	原因：＿＿＿＿＿＿＿＿＿＿＿＿＿＿＿＿ ＿＿＿＿＿＿＿＿＿＿＿＿＿＿＿＿

我在这节课收获最多的是：

＿＿＿＿＿＿＿＿＿＿＿＿＿＿＿＿＿＿＿＿＿＿＿＿＿＿＿＿＿＿

＿＿＿＿＿＿＿＿＿＿＿＿＿＿＿＿＿＿＿＿＿＿＿＿＿＿＿＿＿＿

这个作品的主要优点是什么：

＿＿＿＿＿＿＿＿＿＿＿＿＿＿＿＿＿＿＿＿＿＿＿＿＿＿＿＿＿＿

＿＿＿＿＿＿＿＿＿＿＿＿＿＿＿＿＿＿＿＿＿＿＿＿＿＿＿＿＿＿

这个作品还有哪些方面要做优化：

＿＿＿＿＿＿＿＿＿＿＿＿＿＿＿＿＿＿＿＿＿＿＿＿＿＿＿＿＿＿

＿＿＿＿＿＿＿＿＿＿＿＿＿＿＿＿＿＿＿＿＿＿＿＿＿＿＿＿＿＿

案例七 智能送药小车

一、案例信息

案例名称：智能送药小车。

案例提供：李敏纯、吴佳铉。

使用学段：初中以上。

二、项目来源

目前，大部分医院已实现患者就诊后医生通过系统发送药单，患者自行到达窗口进行取药，备药人员收到药单后即可开始备药，备药完成后通过取药窗口上的显示屏显示患者姓名，患者自行到达窗口排队取药。在这种情况下，如何让行动不便或身体不适的患者更加便利地取药？

三、项目设计

（一）提出任务

在这一取药模式下，患者取药存在不便利的情况，而对于行动不便的人而言，拥挤的情况还可能造成伤害。科技发展迅速，为人们的生活带来很多便利，为避免这种情况出现，我们可以划分取药等候区，由小车负责药品运输，患者只需坐在等候位上等候小车送药即可。

（二）创作思路

针对问题进行头脑风暴，融入科技创意，设计解决问题的方案，小组成员再根据创作思路进行方案规划，制订好完成作品的时间计划和组内成员分工，如表 12.1 所示。

表 12.1　智能送药小车规划书

作品名称			
作品成员			
任务描述	具体内容	时间安排	执行人
准备解决的问题			
要实现的功能			
可行性分析			
材料准备			
作品效果预设			

方案提出：本作品通过智能送药小车解决行动不便的患者取药这一问题，医院在取药等候区划定等候位，各个位置有对应的编号。患者可以去到对应编号的等候位等待，药房里的人在备完药后，通过小车将药物送到指定的等候位，到达对应患者所在区域，患者通过刷脸即可取药，这样方便患者直接在等候位等候取药。

（三）项目实施

1. 功能设计

通过对需求进行分析，智能送药小车需要实现“放药、送药、取药”的过程。在“放药”的过程中，备药人员放入药品后，还需标明药品对应的患者编号以便患者取药，因此，此处利用矩阵按键在显示屏上显示患者编号，为方便备药人员放药，可以加入超声波模块，配合舵机控制小车上药箱的开关；在“送药”的过程中，小车从备药区行至等候区，路线较为固定，因此，使用循迹功能实现该功能；在“取药”的过程中，患者可以通过小车显示屏上的编码确认是否为对应药物，而后再通过人脸识别刷脸取药。

因此，小车功能总结如下：

（1）超声波功能：备药人员利用超声波感应控制药箱的打开和关闭；

（2）显示功能：利用矩阵按键显示患者挂号时产生的编号；

（3）循迹功能：小车沿指定路线移动，该技术能使小车根据路线从药房自行到达等候位，方便患者取药。

（4）人脸识别功能：患者通过人脸识别刷脸取药，避免“拿错药”的情况出现。

2. 材料选择

为了实现以上功能，本项目选择 Arduino、Kitten Bot 人工智能套件，如表 12.2 所示。

根据需求，若要实现小车巡线功能，则需要在车体上添加 Arduino 的循迹模块，该模块可以让小车按照黑线行走到指定位置；若要实现小车显示患者的编码，则要使用矩阵按键和 OLED 0.96 寸显示屏进行显示数字；若要实现超声波功能，则需使用 Kitten Bot 套件中的超声波模块与舵机模块；若要实现人脸识别功能，则要使用 Kitten Bot 套件中的 KOI 模块。

表 12.2　智能送药小车材料选择

名称	数量	说明
智能小车底盘	1 个	呈现车型
Arduino Uno	2 个	循迹功能实现和显示屏数字的实现
电机	2 个	使小车行走
电机驱动	1 个	控制小车的驱动
循迹模块	2 个	巡线功能的实现
矩阵按键	1 个	实现患者编码的输入
OLED 0.96 寸显示屏	1 个	实现患者编码的显示
杜邦线	若干	实现各个硬件的连接
micro:bit 主板	1 个	超声波与人脸识别的功能实现
Armourbit 拓展版	1 个	超声波与人脸识别的功能实现
360 度舵机	1 个	用于控制药箱的打开与关闭
电池盒	1 个	提供电源
超声波模块	1 个	通过超声波感应控制舵机转动
3P 电源导线	1 个	连接 micro:bit 主板与电池盒
4P 电源导线	1 个	连接 KOI 与电池盒
数据线	3 个	实现各个硬件的连接

3. 外观设计

由于作品只有一个车的底盘，并且所用的硬件较多，看起来比较杂乱，因此，我们利用激光切割机制作了一个车身，使小车看起来更加整洁。

我们利用 LaserMaker 设计图纸找到了有关车身的图纸，然后根据自己的需要，修改了图纸的大小，设计了车身图纸，如图 12.1 所示。

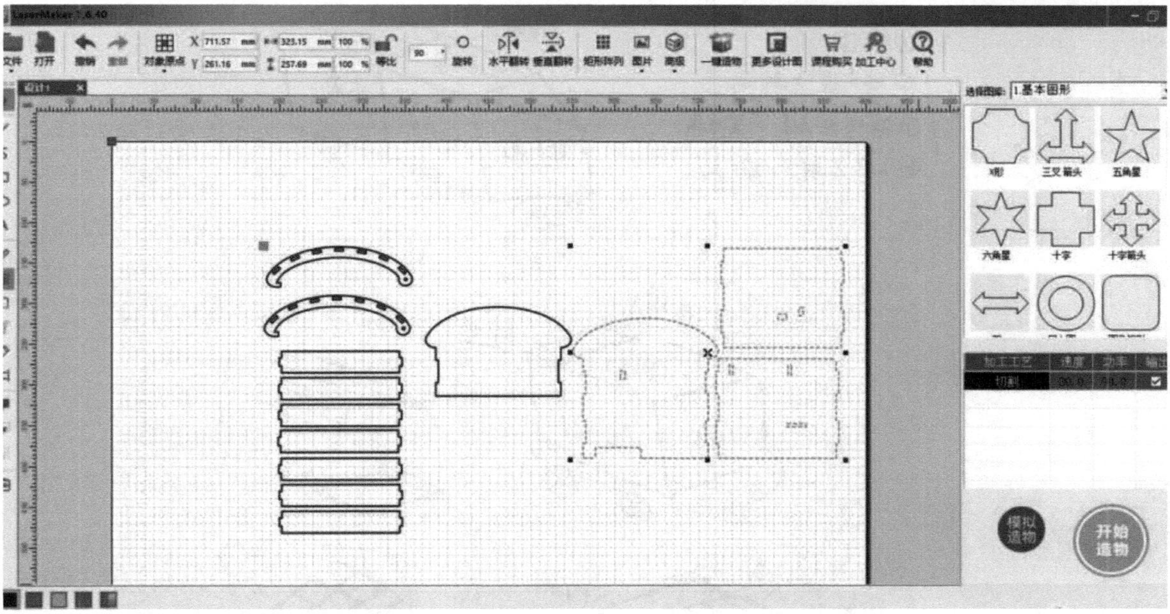

图 12.1　车身图纸

通过绘图软件，确定药箱的尺寸、材料等设计药箱外形图纸，如图 12.2 所示。

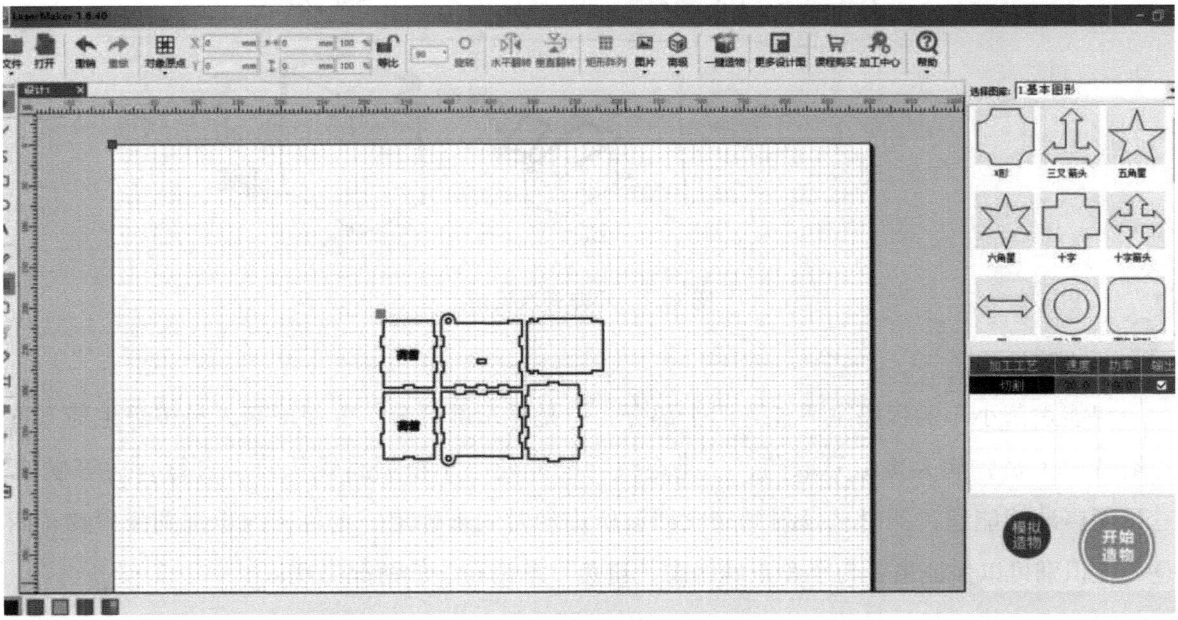

图 12.2　药箱图纸

再结合功能需要与自己的外观设想，合理安排各个硬件的所处位置，最后确定了小车的外观的设计，如图 12.3 所示。

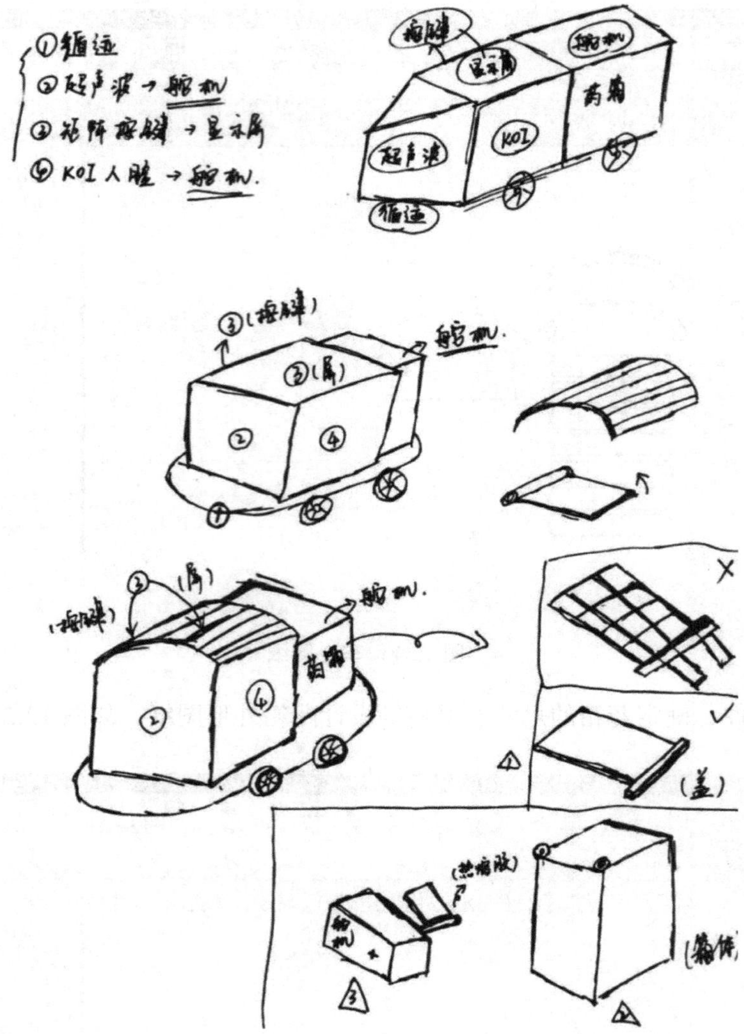

图 12.3　小车外观设想

4. 代码编程

智能送药小车的程序主要包含四个部分：一是显示屏部分，方便配药人员按医生药方备药给特定人员，病人按编号取药；二是巡线功能能使小车根据路线从药房自行到达等候位；三是超声波功能通过测量从发射到接收回波所用的时间来确定一定范围内识别到障碍物；四是人脸识别可以保证患者与小车正确匹配，避免“拿错药”的情况出现。

（1）显示屏显示编号功能（Arduino IDE 编写代码）。

核心代码如下：

```
if(key=='A')  // 验证密码
```

```
{
 while(A_break)
 {
 display.clearDisplay(); // 清屏
 display.setTextColor(WHITE, BLACK);
// 设置字体黑色，字体背景白色
 display.drawBitmap(0, 5, str3, 14, 14,1);
 display.drawBitmap(16, 5, str4, 14, 14,1);
 display.setCursor(30,5);
display.print(":");
 display.display();
 int num_break2=0;  // 循环跳出标志
 while(1)
  {
  char key = keypad.getKey();
  //display.clearDisplay();    // 清屏
  if(key != NO_KEY)
   {
    secret_input[num_break2]=key;
    //display.clearDisplay(); // 清屏
    display.setTextSize(2);
    display.setTextColor(WHITE,BLACK);
// 设置字体黑色，字体背景白色
    display.drawBitmap(0, 5, str3, 14, 14,1);
     display.drawBitmap(16, 5, str4, 14, 14,1);
    display.setCursor(30+(1+num_break2)*15,5);
//128*64 的点阵屏对应 x，y 轴 , x, y 的起始点
    display.print(secret_input[num_break2]);
// 这旦输入显示内容，可以是变量
    display.display();
    num_break2++;
   }
   if(num_break2>3)
   {
   int num_True=0;
   for(int i = 0;i<4;i++)
    {
```

```
        if(secret_input[i]==secret_num[i])
  // 对比输入和密码
        {
         num_True++;   // 每对一位加 1
        }
       // 延时 100ms 等待写入
       delay(10);
      }
     if(num_True==4)    //6 位密码都正确时
        {
          Serial.print(" 密码正确！ ");
          num_True=0;
          display.clearDisplay();   // 清屏
          display.setTextColor(WHITE,BLACK);
  // 设置字体黑色，字体背景白色
          display.drawBitmap(10, 10, str5, 14, 14,1);
          display.drawBitmap(26, 10, str6, 14, 14,1);
          display.display();
          delay(2000);
          myservo.write(100);  // 舵机旋转指定角度
          delay(6000);
          myservo.write(0);
          ZhuYe=1;
          goto start;
        }
       else
       {
         Serial.print(" 密码错误！ ");
         num_True=0;
         display.clearDisplay();          // 清屏
         display.setTextColor(WHITE,BLACK);
 // 设置字体黑色，字体背景白色
         display.drawBitmap(10, 10, str7, 14, 14,1);
         display.drawBitmap(26, 10, str8, 14, 14,1);
         display.display();
         delay(2000);
         ZhuYe=1;
```

```
        goto start;
      }
    }
  }
 }
}
```

（2）巡线功能（Arduino IDE 编写代码）。

```
核心代码如下：
void loop(){
  if(digitalRead(xunji1)==0&&digitalRead(xunji2)==0){
// 没有识别到黑线，直走
  move(1, 130, 1); //motor 1, speed, left
  move(2, 110,1); //motor 2, speed, left
  }
  else if(digitalRead(xunji1)==1&&digitalRead(xunji2)==0){
// 左循迹模块识别到黑线后，左轮速度小右轮速度大实现往左转
  move(1, 120, 2);
  move(2, 140, 1); }
  else if(digitalRead(xunji1)==0&&digitalRead(xunji2)==1){
// 右循迹模块识别到黑线后，右轮速度小左轮速度大实现往右转
  move(1, 130, 1);
  move(2, 120, 2);
  }
  else if(digitalRead(xunji1)==1&&digitalRead(xunji2)==1){
// 都识别到黑线则停下
  move(1, 0, 1);
  move(2, 0, 1);
  }
}
```

当两个循迹模块都没有识别到黑线时，即读取到的都为 0，则小车就直走，当左循迹模块识别到黑线，则小车往左走；当右循迹模块识别到黑线，则小车往右走；当两个循迹模块都识别到黑线，则小车停止。

（3）超声波功能（MakeCode for micro:bit 编写）。

超声波程序实现的功能：在一定范围内识别到障碍物则打开药箱，即：在一定范围内识

别到障碍物，则舵机转动两次（打开箱盖、关闭箱盖）。故超声波的最终程序则如下图红色框中，如图 12.4 所示，开机时进行初始化，将舵机角度初始化为 0°，超声波端口连接至 PORT4，若障碍物在超声波检测范围内，则舵机转动到 70°（打开药箱），等待 5 秒后舵机再转回 0°（关闭药箱）。

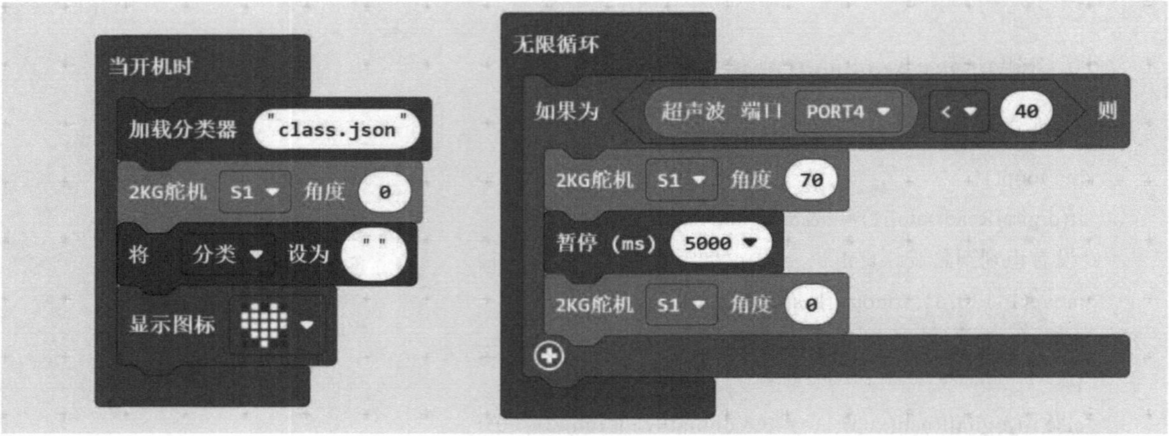

图 12.4　**超声波程序**

（4）人脸识别程序（MakeCode for micro:bit 编写）。

人脸识别的程序主要实现的功能：识别到对应的人脸时打开药箱，即：识别到对应的人脸时，舵机转动两次（药箱的打开与关闭）。

人脸识别的程序中需要用模型对 KOI 进行训练，KOI 根据训练好的模型分类对拍摄到的画面进行判断，因此，程序需要让 KOI 先进行训练再开始识别（工作）。KOI 中兼容 micro SD 卡，因此，我们可以编译一个训练程序，将训练好的模型存储到 SD 卡中，再编译一个工作程序调用分类器，这样就可以直接调用训练好的模型。故人脸识别程序分为训练程序与工作程序。

在训练程序中，开机即初始化 KOI 端口、重置分类器及初始化变量，为了训练分类，以 A 键作为触发器添加分类，以 B 键更改分类变量值，以 A+B 键保存分类器并初步检测其识别的准确度，如图 12.5 所示。

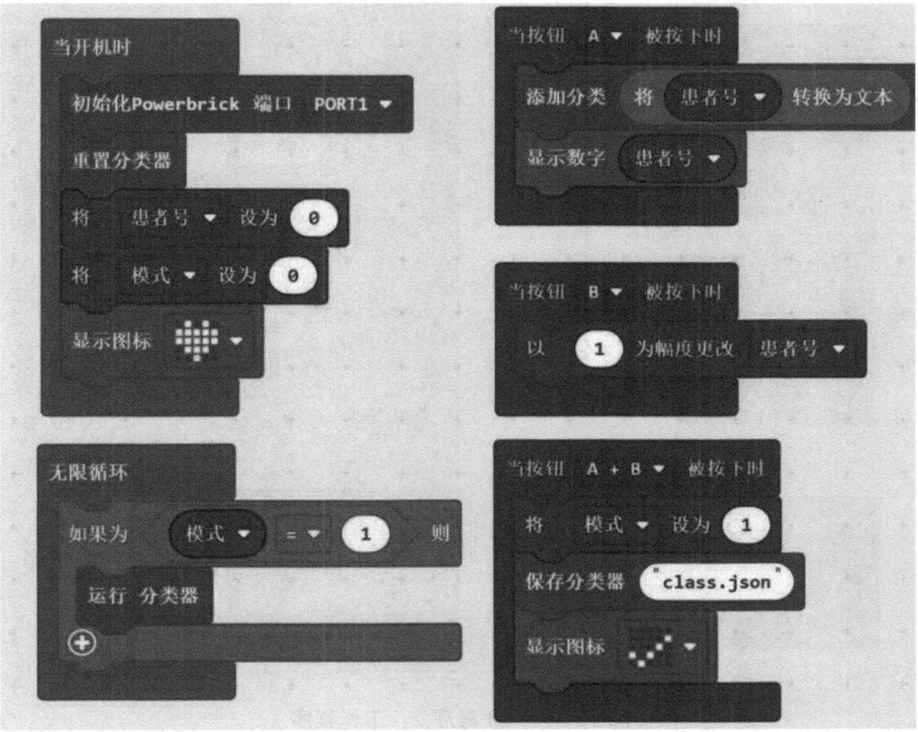

图 12.5　KOI 程序 1：训练程序

在工作的程序中，开机即初始化 KOI 端口、初始化变量和舵机角度、加载刚刚保存的分类器，运行分类器后，当识别到相对应的分类时，舵机先转动至 70°（打开药箱），等待 5 秒，再转回 0°（关闭药箱），否则不转动，最后将分类设回开机时的状态，以确保下次条件判断正确进行，如图 12.6 所示。

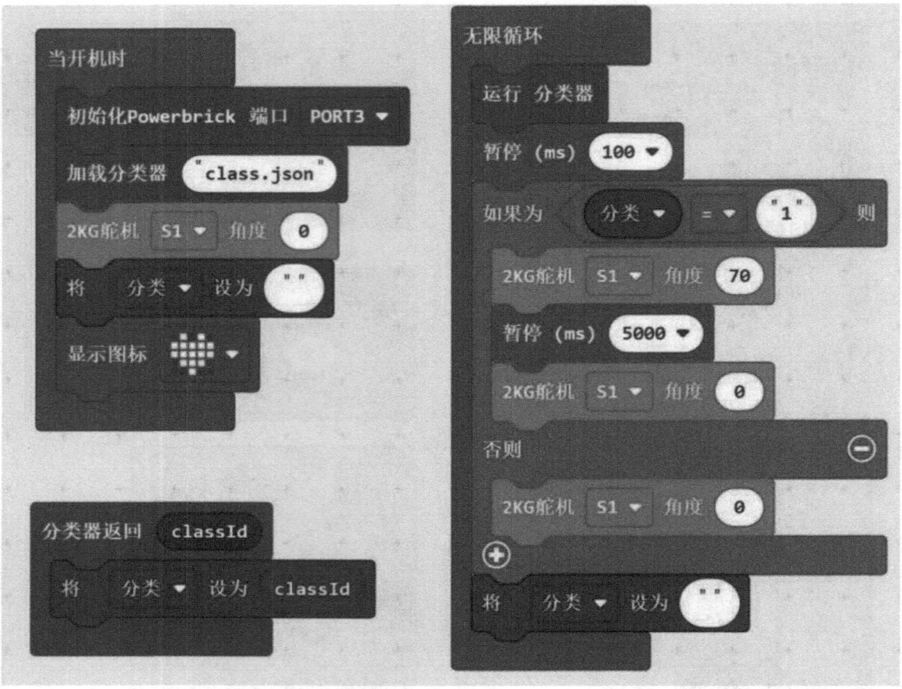

图 12.6　KOI 程序 2：工作程序

四、作品展示与分享

（一）作品效果

以下是智能送药小车的作品效果图片，分别呈现了侧视图，如图 12.7 所示，可显示患者编号；后视图如图 12.8 所示，通过人脸识别刷脸取药。

图 12.7　侧视图

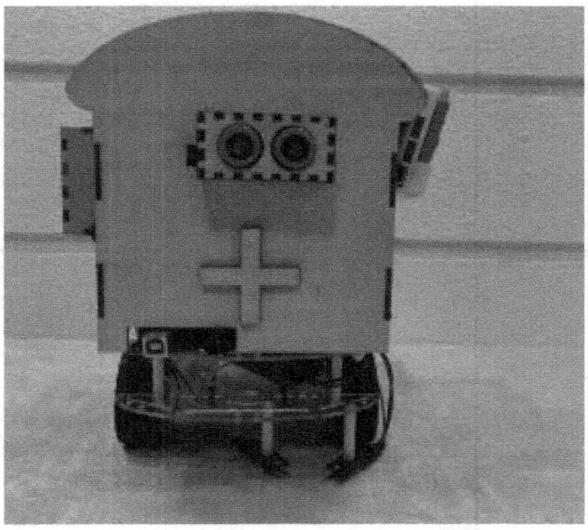

图 12.8　后视图

（二）交流评价

在完成作品后，教师组织小组进行作品展示和汇报。小组以 PPT 的形式汇报小组作品的创作意图、实现功能、遇到的困难、解决方法和小组分工等，其他小组进行点评，提出疑问和建议。教师参考创客赛事活动设计评价表，如表 12.3 所示，供小组汇报和互评时参考进行评价。

表 12.3　创客作品评价表

项目主题					
小组成员					
评价指标	具体指标	自评	组内互评	组间互评	教师评价
作品主题（20 分）	作品契合主题，内容健康向上，主题表现出科学想象力，且符合科学性				
创新性（20 分）	功能、结构等具有新意，有一定的实用价值				
	科学性，创新部分切实可行且必要				
艺术性（20 分）	作品造型美观、和谐，色彩鲜艳，具有艺术表现力和感染力，能调动受众的感觉器官				
技术性（20 分）	整体结构设计合理；具有一定的功能性和复杂性				
	使用相关元器件等实现的硬件功能具有一定的科学性、复杂性，有技术含量				
	程序优化、易于调试				
小组协作（20 分）	小组分工明确、合作默契				
	创作规划科学可行				
	作品达到预期目的				

续表

总评	
你认为作品的最具特色之处	
作品还有哪些有待改进的地方	

案例八
智能防止儿童意外伤害系统

一、案例信息

案例名称：智能防止儿童意外伤害系统。

案例提供：朱茵霓、郭奕颖、方展青。

使用学段：初中以上。

二、项目背景

意外伤害作为一种客观事件，是指身体受到外来、突发等非本意、非疾病的伤害。儿童因生长发育不完全，缺乏对危险因素的识别与感知能力，是意外伤害的高发群体，意外伤害死亡已经成为儿童死亡的首位死因，也是儿童致残的主因。经过多年的实践和研究，儿童伤害的预防在很多发达国家都已经取得了显著的成效，但我国在这方面的关注还是远远不够，特别是在最易发生儿童意外伤害的家居系统的设计上很少涉及，由此，本项目从家居系统中容易导致儿童意外伤害的危险因素入手，对家居系统进行智能化设计，旨在创造一个安全的家居环境，降低儿童意外伤害事故发生的风险。

三、项目规划

（一）需求分析

意外伤害是我国 14 以下岁儿童的首位死亡原因，是重要的公共卫生问题。儿童意外死亡已日益成为危害儿童生存的主要原因，成为影响儿童健康的第一杀手，从疾病负担的角度看，意外伤害对社会、家庭和个人造成的影响较大。儿童意外伤害的主要原因有溺水、异物伤、锐器伤、烧烫伤、挤压伤、触电、中毒等，由于引起儿童意外伤害发生的危险因素的多样性，单靠监护人监管儿童造成的人力成本较大，也难以完全避免监护人出现监管不到位的问题。

本作品设计的防止儿童意外伤害的智能家居系统拟解决出现儿童意外伤害的这些问题。在这个智能家居系统中，采用人脸识别可以检测到儿童的情况，当识别到儿童进入房屋时，自动关闭窗户，防止儿童意外跌倒，同时，放利器和危险药物的盒子也会自动关闭，防止儿童发生刺伤或意外服药等意外伤害。系统设置儿童溺水自动报警、温度过高自动报警、一氧化碳泄露自动报警、柜子摇晃自动报警等智能报警装置，当检测到危险即将发生时，提前报警，引起监护人注意，以及时采取措施防止伤害的发生，防止儿童出现溺水、烫伤、中毒、挤压伤等意外伤害；本系统还对市面上的一些家居进行改造，设置了儿童靠近插座就自动断开电源、儿童上床后保护装置自动打开等安全装置，进一步保障儿童的安全。

（二）功能规划

1. 智能厨房

（1）整体概述：智能厨房要实现的功能是，通过火焰报警器、温湿度传感器、烟雾传感器和 CO 传感器的综合运用，防止儿童出现烫伤、气体中毒等意外伤害。

（2）实现原理：本项目设计的火焰传感器，可以用来探测火源，能在 –25 到 80 摄氏度下工作，当检测到厨房温度过高或出现火灾时，危险提示灯亮起，阻止儿童靠近，并能引发报警器报警告知家长；温湿度传感器采用专用数字模块采集技术和温湿度传感技术，当检测到厨房温湿度过高，会以警示灯和报警器结合的方式进行提醒；烟雾传感器对可燃气体、烟雾等气体灵敏度高，当厨房空气中烟雾的浓度比较大的情况下，会触发报警装置；CO 传感器可以准确、快速地测量环境中一氧化碳的浓度，当厨房中 CO 气体浓度超过正常值时，显示灯闪烁并伴随蜂鸣器提示预警。

2. 智能浴室

（1）整体概述：智能浴室要实现的功能是，通过水位传感器和水蒸气传感器的综合使用，预防可能出现的水蒸气烫伤、水位过高的情况，提醒家长，注意儿童的安全，防止儿童出现溺水、烫伤等意外伤害。

（2）实现原理：本项目设计的水位传感器，是一个模拟输入模块，它是一个简单易用、性价比较高的水位识别检测传感器，它通过一系列的、暴露的平行导线线迹测量其水量大小从而判断水位，达到水位预警的功效。

3. 智能客厅

（1）整体概述：智能客厅实现的功能为，LCD 显示屏显示温度以及儿童的穿衣建议，防止儿童由于穿衣与环境不匹配而产生的不适感；柜子采用摇晃报警系统，防止儿童由于柜子跌落而造成的挤压伤；客厅的插孔采用儿童靠近即断电的设计，防止儿童发生触电等意外伤害；放有利器或危险药品的盒子采用密码锁的形式，防止儿童出现误食误伤等意外伤害。

（2）实现原理：客厅设有温度传感器可以检测环境温度，LCD 显示屏实时显示温度，根据温度显示对应的穿衣建议；柜子设有数字震动传感器，儿童在柜子周围攀爬玩闹时，如果柜子摇晃严重时，柜子上的危险提示灯会闪烁，提醒儿童远离该区域；所有的插孔采用超声波传感器，可以检测儿童与插孔的距离，当检测到儿童与插孔的距离小于 20 cm 时，系统会智能控制继电器的关闭，防止儿童触电；存放利器或危险药品的盒子用 4 × 4 的矩阵作为驱动开关，可以自行进行打开关闭和修改密码，通过输入的密码和系统设定的密码的匹配改变舵机的转动情况，从而实现盒子的打开或关闭状态。

4. 智能门窗

（1）整体概述：智能门通过门口摄像头进行人脸识别，智能窗采用一扇窗户的设计方式，窗户通过舵机的转动而实现打开和关闭，当摄像头识别到儿童进入房屋时，会智能将窗户上锁，防止儿童出现跌落等意外伤害。

（2）实现原理：人脸识别通过摄像头采集儿童的数张不同侧面的人像，让人工智能去学习认识特定的儿童，实现智能识别该儿童，从而可以做到当儿童进入房屋时，自动采取一系列保护措施，当摄像头监测到儿童进入房屋时，会发送给主控制系统一个信号，而窗户上的舵机接收到对应的信号后就会做出相应的反应，即关闭窗户。

5. 智能灯

（1）整体概述：智能灯要实现的功能是，当白天或是夜晚有儿童经过楼梯口等依靠环境光已看不到周围的环境时，自动打开楼梯口的灯，防止儿童经过时，由于各种不可预料的原因发生的意外跌落等伤害，而白天没有儿童经过时，灯就自动关闭，达到节能的目的。

（2）实现原理：人体感应传感器通过检测人体的温度，当识别到附近有人体经过时，会智能控制楼梯灯的打开；而光敏传感器可以检测环境光，当检测到周围环境暗下来之后，也即到了晚上，会智能打开楼梯灯。

四、项目设计

（一）总体设计

本项目根据功能需求和可行性，智能控制系统主要基于单片机 Arduino 开发板，利用 Arduino 多处理器实现数据的分布式处理，涉及远程布控防火、防中毒和烟雾等传感设备设施，能结合家居环境并根据实际情况发出报警信息。此外，通过手机蓝牙可以控制家居的相关开关，根据实际情况对情景判别功能进行设定。

（二）外观设计

通过三维建模软件设计智能家居的结构，画好家居的结构图，图 13.1 为房间框架正面，图 13.2 为房间框架侧面，图 13.3 为房间内部物件，设计好的图片保存为激光切割机软件支持的 DXF 格式，接着在“套料软件”上进行处理并进行套料，然后再转换成与激光切割机相对应的 NC 代码（激光切割机支持的程序代码），最后把 NC 程序代码传输到激光切割机设备上进行切割。

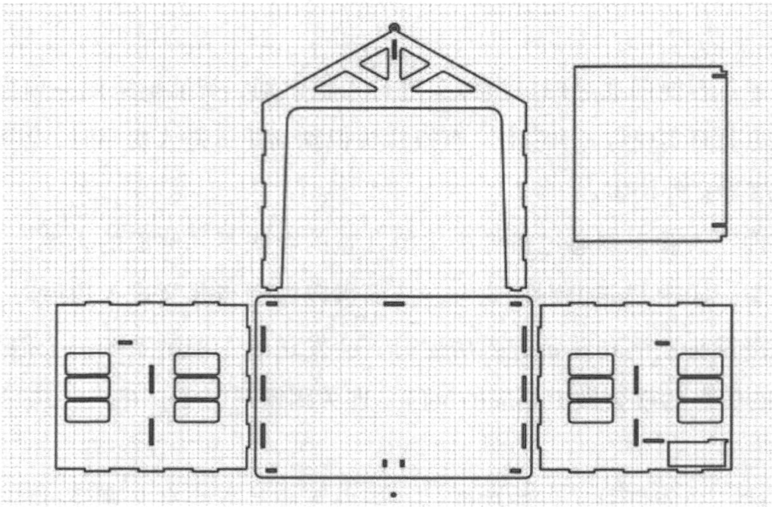

图 13.1　房间框架正面

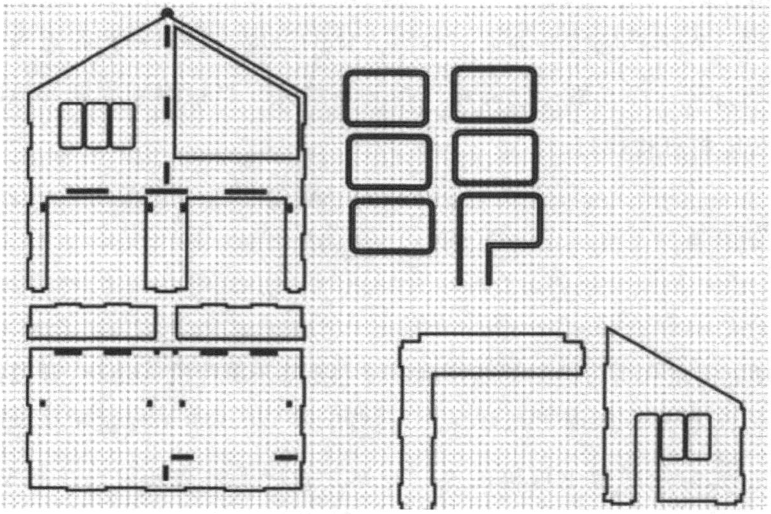

图 13.2　房间框架侧面

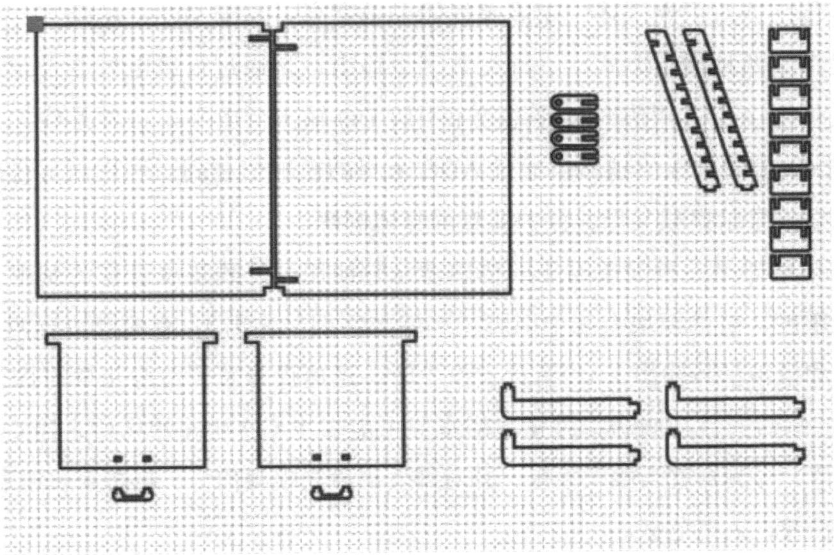

图 13.3 房间内部物件

（三）系统硬件设计

1. 主控芯片

Arduino UNO 提供完全开放的硬件控制板平台，支持海量的插件，有“电子积木”之称，被广泛应用于嵌入式系统设计开源的电子设计平台，有便捷灵活和功耗低、编程简单的特点。

Gravity：IO Expansion & Motor Driver Shield 是一块与 Arduino 兼容的扩展板。除了引出 Arduino 的通用引脚外，扩展板还为每个管脚单独配备了 VCC 和 GND 端口，方便与传感器进行接插。此外，扩展板还预留了 IIC 接口、串口等丰富接口资源，可以更加方便地外接设备。

IO 扩展板上板载了一个 TB6612FNG 双路电机驱动芯片，可同时推动两路电机，支持 PWM 控制方式，单通道连续驱动电流 1.2A 峰值可达 3.2A，可兼容市面上的绝大部分各种微型直流电机。

扩展板接口均用排针 / 排母两种形式，每种接口都有丝印标注，对于串口、电源提供了单独的状态指示灯，非常便于使用。在小型智能机器人控制场合，使用该扩展板可有效降低成本，并极大提高使用便利性。

2. 环境感知模块

环境感知模块主要使用了温湿度传感器、烟雾传感器、火焰传感器和 CO 传感器。

（1）温湿度传感器是一款含有已校准数字信号输出的温湿度复合传感器，它应用专用的数字模块采集技术和温湿度传感技术，如果温度过高，则蜂鸣器发出特定警报并且警示灯亮起。

（2）烟雾传感器对可燃气体、烟雾等气体灵敏度高，基于 MQ-2 的烟雾传感器模块通过电路设计，提供了两种输出方式，一种是数字量输出，是通过板载电位器设定浓度阈值，当检测到环境气体浓度超过阈值时，通过数字引脚 DO 输出低电平；一种是模拟量输出，浓度越高，AO 引脚输出的电压值越高，通过 ADC 采集的模拟值越高。利用烟雾传感器，当家中烟雾过高时，发出警示提醒父母，保护儿童的身体健康。

（3）火焰传感器是一种简单易用的传感器，它使用红外线接收管作为基本元件，通过电位器来调整灵敏度，有的模块有三个引脚（支持数字信号输出），有的模块有四个引脚（同时支持数字信号和模拟信号输出），当有火灾发生时，迅速提醒家长留意儿童的状态。

（4）CO 传感器安装在厨房，卧室，浴室等可能发生 CO 泄漏的场所，当 CO 在空气中的浓度超过设定值，探测器就会触发报警，并对外发出声光报警信号，提醒家长注意儿童的危险，可以提前帮助预警，远离危害。

3. 安防控制模块

安防控制模块主要使用了水位传感器、压力传感器和超声波传感器。

（1）水位传感器是利用一系列裸露的平行导体一起用作可变电阻器，其电阻根据水位而变化，电阻的变化对应从传感器顶部到水表面的距离。当超过正常水位时，浴室发出警报，提醒家长儿童有可能面临溺水的意外危险。

（2）压力传感器主要用于儿童的床上，当儿童躺在床上，即床上感觉到压力时，床两侧的舵机带动安全板向上升，避免儿童意外摔伤。

（3）超声波传感器使用声呐来确定物体的距离，就像蝙蝠一样。它提供了非常好的非接触范围检测，准确度高，读数稳定，易于使用，其操作不受阳光或黑色材料的影响。它配有超声波发射器和接收器模块。当识别到儿童靠近时，结合继电器将电断掉，防止儿童触电。

4. 数据通信模块

数据通信模块主要使用了蓝牙控制模块，通过串口通信的方式实现 Arduino（负责发送命令）同 HC-05 模块（负责接收命令，并据此执行相应动作，如控制步进电机的转动方向）控制板间的有效连接，完成信息交互过程。

（四）系统软件设计

1. 人脸识别模块的实现

人脸识别程序是在 Python 环境下进行主要程序的编写、设计，使用了 OpenCV-python 和 face_recognition 的外部库，通过安装人脸识别程序，使用摄像头对人脸进行识别。

2. **手机终端蓝牙控制**

通过“蓝牙调试器”连接 Arduino Uno 板实现远程控制，新建串口通信使手机可以发出指令而 Arduino 可以根据指令做出相应的动作回应。

五、项目实施

（一）项目准备

1. 器材准备：Arduino 套件、蓝牙 3.0 模块、OpenMV V3 视觉摄像头。
2. 编译环境：Arduino IDE，PyCharm。

（二）项目部分核心代码

1. **人脸识别模块核心代码**

```
# Face Detection Example 人脸识别例子
# 导入所使用的库
import sensor, time, image
# Reset sensor 初始化摄像头
sensor.reset()
from pyb import UART
uart = UART(3, 9600)

# Sensor settings 摄像头设置
sensor.set_contrast(3)
sensor.set_gainceiling(16)
# 设置图像像素格式
sensor.set_framesize(sensor.HQVGA)
sensor.set_pixformat(sensor.GRAYSCALE)
# 载 Haar Cascade 人脸识别算法
face_cascade = image.HaarCascade("frontalface", stages=25)
print(face_cascade)
# 创建一个时钟来计算摄像头每秒采集的帧数 FPS
clock = time.clock()
# 实时显示摄像头拍摄的照片
while (True):
    clock.tick()
    # 拍摄图片并返回 img 图片
```

```
    img = sensor.snapshot()
    # 发现物体
    objects = img.find_features(face_cascade, threshold=0.75, scale_factor=1.25)
    # 绘制对象
   for r in objects:
       img.draw_rectangle(r)
    if objects:
       uart.write("1")
    else:
       uart.write("0")
# 设置休眠时间
time.sleep(100)
# 串口打印 FPS 参数
print(clock.fps())
```

2. 智能客厅模块核心代码

```
// 窗户舵机
void servopulse(int servopin,int myangle)
{
pulsewidth=(myangle*11)+500;
digitalWrite(servopin,HIGH);
delayMicroseconds(pulsewidth);
digitalWrite(servopin,LOW);
delay(20-pulsewidth/1000);
}

// 保险盒的舵机
void servopulse_3(int servopin_3,int myangle_3)
{
pulsewidth_3=(myangle_3*11)+500;
digitalWrite(servopin_3,HIGH);
delayMicroseconds(pulsewidth_3);
digitalWrite(servopin_3,LOW);
delay(20-pulsewidth_3/1000);
}
```

```
// 床的舵机 2
void servopulse_2(int servopin_2,int myangle_2)
{
pulsewidth_2=(myangle_2*11)+500;
digitalWrite(servopin_c,HIGH);
delayMicroseconds(pulsewidth_2);
digitalWrite(servopin_c,LOW);
delay(20-pulsewidth_2/1000);
}

// 超声波距离转换
long microsecondsToCentimeters(long microseconds) {
  return microseconds / 29 / 2;
}

void loop() {
  // 摄像头
  if (Serial.available()) {
    char input = Serial.read();
    if (input == '1') {
    digitalWrite(led_1, HIGH); // 如果接收到字符 '1'
    val_6 = 45;
    for(int i=0;i<=50;i++) {
    servopulse(servopin_5,val_2);
    }
    val_3 = 35;
    for(int i=0;i<=50;i++) {
    servopulse(servopin_4,val_3);
    }
    } else {
      digitalWrite(led_1, LOW);
    val_6=130;
  for(int i=0;i<=50;i++){
   servopulse(servopin_5,val_6);
   }
  val_3=130;
  for(int i=0;i<=50;i++){
```

```
  servopulse(servopin_4,val_3);
  }
  }
 }
 delay(100);

 // 床上有人时保护装置打开
 x=analogRead(gravity);
 Serial.println(x);
 delay(50);
 if(x != 0){
 val_4=130;
 Serial.print("moving servo to ");
 Serial.print(val_4,DEC);
 Serial.println();
 for(int i=0;i<=50;i++){
 servopulse_2(servopin_c,val_4);
 }
 }else{
 val_4=90;
 Serial.print("moving servo to ");
 Serial.print(val_4,DEC);
 Serial.println();
 for(int i=0;i<=50;i++){
 servopulse_2(servopin_c,val_4);
 }
 }

 // 楼梯口人体灯
 sensorState = digitalRead(sensorPin);
 if (sensorState == HIGH) {
  digitalWrite(led_1,HIGH);
  } else {
  digitalWrite(led_1,LOW);
  delay(3000);
  }
```

```
// 蓝牙 bluetooth
while(mySerial.available())
 {  char c;
   c=mySerial.read();
   mySerial.println (c);
   switch(c){
     case '2':open_the_door();
     case '1':close();
     break;
     }
 }

// 柜子摇动时亮灯
if (state != 0)
{
  state = 0;
  digitalWrite(LED_blue, HIGH);
  delay(500);
}
else
  digitalWrite(LED_blue, LOW);

// 温度显示屏
T = val_2 * 0.48876;
lcd.setCursor(8, 0);
lcd.print(T);
lcd.setCursor(13, 0);
lcd.print("C");
if(T >26){
lcd.setCursor(2,1);
lcd.print("T-shirt is OK");
}else
 {
lcd.setCursor(2,1);
lcd.print("Shirt is OK");
 }
delay(1000);
```

```
}

void open_the_door(){
digitalWrite(led_1,HIGH);
delay(5000);
}

void close(){
digitalWrite(led_1,LOW);
delay(5000);
}

// 摇动状态
void blink()
{
 state++;
 Serial.println(digitalRead(A3));
}
```

3. 智能厨房安全模块核心代码

```
// 警报
void alarm(){
 for(int x = 0;x<180;x++){
 sinVal = (sin(x*(3.1412/180)));
 toneVal = 2000+(int(sinVal*1000));
 tone(sound,toneVal);
 delay(2);
 }
 digitalWrite(led,HIGH);
 delay(500);
 digitalWrite(led,LOW);
}

void loop() {
 // 湿度和温度检测
 float h = dht.readHumidity();   //humidity
 float t = dht.readTemperature();//temperature
```

```
if(h>70||t>30){
 digitalWrite(Relay, HIGH);     //Turn on fan
}

// 火焰检测
val = analogRead(fire);
if(val>930){
for(int x = 0;x<180;x++){
sinVal  = (sin(x*(3.1412/180)));
toneVal = 2000+(int(sinVal*1000));
tone(sound,toneVal);
delay(2);
}
Serial.println("Fire!");
digitalWrite(led,HIGH);
delay(500);
digitalWrite(led,LOW);
}else{
Serial.println("Safe");
noTone(sound);
digitalWrite(led,LOW);
}

// 一氧化碳检测
val_1=analogRead(CO);
if(val_1>800){
alarm();
Serial.println("Carbon monoxide leaks!");
}else{
Serial.println("Safe");
}
delay(500);

// 煤气检测
val_3 = analogRead(gas);
if(val>900){
```

```
  alarm();
  Serial.println("Gas leaks!");
  }else{
  Serial.println("Safe");
  }
}
```

4. 智能浴室安全模块核心代码

```
#define led_red     13   //红色 led 灯
#define alarm       8    //警报

void setup() {
  pinMode(led_red,  OUTPUT);
  pinMode(alarm,    OUTPUT);
  Serial.begin(9600);
}

int   vapor = analogRead(A1);          //水蒸气参数
double deep  = (long)analogRead(A4);   //水深度

void loop() {
  double data=(deep/650)*4;            //水深度限值

//水参数检测、报警
  if(data>3||vapor>800){
  digitalWrite(led_red,HIGH);
  digitalWrite(alarm,HIGH);
  delay(500);
  digitalWrite(led_red,LOW);
  digitalWrite(alarm,LOW);
  delay(100);
  }
}
```

六、项目成果展示与交流

小组成员将电路、程序和结构体合成一个作品，图 13.4 为智能家居的外观。小组成员对合成后的作品进行调试，确保作品正常运行。

图 13.4　智能家居的外观

小组成员对合成后的智能家居各个部分进行调试，如图 13.5、图 13.6、图 13.7、图 13.8、图 13.9，确保智能家居发挥防止儿童意外事故的作用。

图 13.5　智能家居的内部

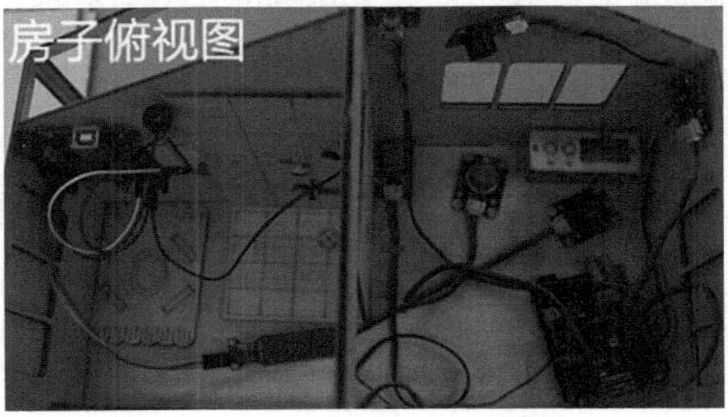

图 13.6　智能家居的底层俯视图

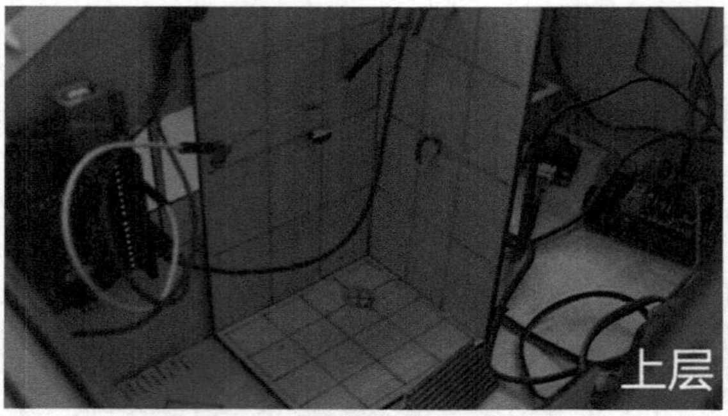

图 13.7　智能家居的上层俯视图

图 13.8　智能家居的厨房

图 13.9　上卧室楼梯

完成作品后，学生进行展示和汇报。可以围绕汇报小组作品的创作意图、实现功能、遇到的困难、解决方法和小组分工等，其他小组进行点评，提出疑问和建议。

参考文献

[1] 张文兰等 . 课程论视域下的创客课程设计：构成要素与实践案例 [J]. 现代远程教育研究，2007（3）：76-85.

[2] 万超等 . 创客课程开发模型设计及实践 [J]. 开发教育研究，2017（6）：62-70.

[3] 杨现民 . 建设创客课程“创课”的内涵、特征及设计框架 [J]. 远程教育杂志，2016（6）：3-14.

[4] 张丹丹 . 高中智能创客课程设计与实施研究——以“智能家居”课程为例 [D]. 兰州：西北师范大学，2022.

[5] 傅骞 . 基于 SCS 创客教学法的教学实践 [J]. 科教导刊，2021（15）：12-14.

[6] 焦建利 . 创客课程中评价学生的 7 种方法 [J]. 中国信息技术教育，2021（1）：22.

[7] 温雯 .“创客文化”的历史图景与未来路径 [J]. 福建论坛·人文社会科学版，2015（8）：55-61.

[8] [美] 克里斯·安德森 . 萧潇译 . 创客：新工业革命 [M]. 北京：中信出版社，2015.

[9] 李克强 . 创造一个让人时时感到方便的政府 [EB/OL].（2015-03-10）[2023-05-10]. http://www.sznews.com/news/content/2015-03/10/content_11284197.htm.

[10] 徐思彦，李正风 . 公众参与创新的社会网络：创客运动与创客空间 [J]. 科学学研究，2014（12）：1789-1795.

[11]List of Hacker Spaces[DB/OL].(2015-05-30）[2023-05-10].https：//wiki.hackerspaces.org/List_of_Hacker_Spaces.

[12] [美]NMC 地平线项目组 . 新媒体联盟 2015 地平线报告（高等教育版）[J]. 现代远程教育研究，2015（2）：3-22.

[13] 梁森山 . 中国创客教育蓝皮书（基础教育版）[M]. 北京：人民邮电出版社，2016.

[14] 黄荣怀，刘晓琳 . 创客教育与学生创新能力培养 [J]. 现代教育技术，2016（4）：12-19.

[15] 何克抗 . 论创客教育与创新教育 [J]. 教育研究，2016（4）：12-24.

[16] 杨刚 . 创客教育：我国创新教育发展的新路径 [J]. 中国电化教育，2016（3）：8-13.

[17] 祝智庭，孙妍妍 . 创客教育：信息技术使能的创新教育实践场 [J]. 中国电化教育，

2015（1）：14–21.

[18]Libby Falck. Beyond the maker movement: How the change makers are the future of education [DB/OL].（2014–07–29）[2023–05–10].http://www.forbes.com/sites/singularity/2014/07/29/beyond–the–maker–movement–how–the–changemakers–are–the–future–of–education/.

[19] 杜涛，张哲．创客课程助推创客教育发展 [J]. 新课程导学，2020（11）：85–86.

[20] 祝智庭，雒亮．从创客运动到创客教育：培植众创文化，电化教育研究 [J].2015（7）：5–13.

[21][美] 巴格托，考夫曼．陈菲，周晔晗，李婀译．培养学生的创造力 [M]. 上海：华东师范大学出版社，2013.

[22] 陶行知．中国教育的觉醒——陶行知文集 [M]. 北京：群言出版社，2013.

[23] 克里斯 · 安德森．中国制造将属于“中国创客”[J]. 中外管理，2015（1）：34–36.

[24] 陶行知．陶行知教育箴言 [M]. 哈尔滨：哈尔滨出版社，2011.

[25] 杨馨宇．基于 STEAM 理念的创客课程的开发与实践研究 [D]. 西华师范大学，2022.

[26] 张建平．STEAM 教育理念下初中创客课程研究 [J]. 试题与研究，2022（3）：111–113.

[27] 孙建锋．有一种课叫“创课”[N]. 中国教师报，2015–11–18（6）.

[28] 创客教育课程都包含哪些课程，有什么特色？ [EB/OL].（2017–12–28）[2023–05–10]. https://www.sohu.com/a/213261223_779108.

[29] 田中义隆 .21 世纪型能力与各国的教育实践 [M]. 东京：明石书店，2015.

[30] 北京青少年科技中心．创客作品案例汇编 [M]. 北京：科学出版社，2022.

[31] 印霞 .STEAM 课程的设计与实施 [M]. 上海：华东师范大学出版社，2021.

[32] 郝德永．课程研制方法论 [M]. 北京：教育科学出版社，2000.

[33] 管雪沨．“互联网 +”背景下区域创客教育课程的建设与实施 [J]. 中小学信息技术教育，2015（6）：59–60.

[34] 张文兰，刘斌，夏小刚，等．课程论视域下的创客课程设计：构成要素与实践案例 [J]. 现代远程教育研究，2017（3）：76–85.

[35] 山东省教育厅．山东省学校创客空间建设指导意见 [EB/OL].（2017–03–15）[2023–05–10].http://edu.shandong.gov.cn/art/2017/3/15/art_11990_7738935.html.

[36] 广东省教育厅．广东省中小学创客教育空间建设指南 [EB/OL].（2023–03–16）[2023–05–10]. http://edu.gd.gov.cn/zwgknew/gsgg/content/post_4134240.html.

[37] 华国栋 . 推进创新教育，培养创新人才 [J]. 教育研究，2007（9）：16–21.

[38] 朱永新，杨树兵 . 创新教育论纲 [J]. 教育研究，1999（8）：9–15.

[39] 徐辉 . 创新教育的理论及其哲学、人类学基础 [J]. 教育研究，2001（1）：10–34.

[40] 约翰 · 杜威 . 薛绚译 . 民主与教育 [M]. 南京：译林出版社，2012.

[41] 顾小清，权国龙，王华文 . 图示工具在协作学习中的应用——基于中美学生协作学习项目的研究 [J]. 开放教育研究，2014（6）：64–71.

[42] 约翰 · 杜威 . 傅统先译 . 确定性的寻求：关于知性关系的研究 [M]. 上海：上海人民出版社，2005.

[43] 田友谊，姬冰澌 . 重识中小学创客教育：基于杜威“做中学”思想的审视 [J]. 教育科学研究，2019（12）：53–58，66.

[44]Fortmann–Roe，F. S. Insight Maker: A general–purpose tool for web–based modelling & simulation[J].Simulation Modelling Practice and Theory，2014，47：28–45.

[45] 田友谊，姬冰澌 . 重识中小学创客教育：基于杜威“做中学”思想的审视 [J]. 教育科学研究，2019（12）：53–58，66.

[46] 联合国教科文组织 . 联合国教科文组织总部中文科译 . 教育——财富蕴藏其中 [M]. 北京：教育科学出版社，2014.

[47] 中华人民共和国教育部 . 教育部关于印发义务教育课程方案和课程标准（2022 年版）的通知 [EB/OL].（2022–04–08）[2023–05–10]. http://www.moe.gov.cn/srcsite/A26/s8001/202204/t20220420_619921.html.

[48] 赵慧臣，李琳 . 创客教育中知识与行动的关系研究：促进创新型人才培养 [J]. 电化教育研究，2022，43（12）：101–107.

[49] 李文君 . 体验式学习理论研究综述 [J]. 教育观察，2012（4）：83–89.

[50] 孙瑜 . 体验式学习理论及其在成人培训中的运用 [D]. 华东师范大学，2007.

[51] 孟丽 . 基于活动理论的机器人课程学习活动设计研究 [D]. 内蒙古师范大学，2021.

[52] 万力勇，黄焕，范福兰 . 活动理论视域下高校创客空间的结构要素、演化规律与运行机制 [J]. 高等教育研究，2019，40（12）：81–89.

[53] 叶浩生 . 具身认知：认知心理学的新取向 [J]. 心理科学进展，2010（5）：707–710.

[54] 杨南昌，刘晓艳 . 具身学习设计：教学设计研究新取向 [J]. 电化教育研究，2014（7）：24–29，65.

[55] 张春兰，李子运 . 创客空间支持的深度学习设计 [J]. 现代教育技术，2015（1）：25–31.

[56] 龙丽嫦 . 基于具身认知理论的创客教师实训策略 [J]. 中小学数字化教学，2021（5）：72–75.

[57] 李素芳 .“互联网 +”背景下大学生科技创新教育研究 [J]. 学校党建与思想教育，2017(2)：60–62.

[58]Sylvia Libow Martinez & Gary S. Stage. 8 Elements of A Good Maker Project[EB/OL].（2014–10–08）[2023–05–10].http://www.Weare teachers.com/hot–topics6/special–reports/how–the maker–movement–is–transforming–education/8–ele ments–of–a–good–maker–project /.

[59] 刘文良，刘旸沛筠 . 创客教育“创课”体系构建的困惑及对策 [J]. 教学与管理，2019（30）：82–84.

[60] 林少雄 . 创客运动与传统文化的现代转型 [J]. 学术研究，2017（3）：43–47.

[61] 陈染 . 创客教育与优秀传统文化的融合 [J]. 中国科技教育，2019（4）：58–59.

[62] 季瑜，马晓玲 . 农村小规模学校实施在地化创客教育的现实挑战与逻辑框架 [J]. 教学与管理，2022（24）：51–56.

[63] 韩芳，陈珊 . 卡内基梅隆大学创客教育的课程开发：机构、途径与特征 [J]. 电化教育研究，2017，38（7）：110–116.

[64] 王欣，李深，高春玲，等 . 基于多元科普载体逐步建立“创客空间”式教育实践形式——以大连自然博物馆为例 [J]. 自然科学博物馆研究，2017，2（S2）：21–25.

[65] 余海军 . 创客教育中的学科融合课程探索与实践 [J]. 试题与研究，2023（7）：35–37.

[66] 陈花 .STEM 理念下的小学创客社团活动实践研究 [J]. 教育界，2022（25）：68–70.

[67] 傅骞，郑娅峰 . 创客教育区域推进策略研究 [J]. 中国电化教育，2018（5）：61–68.

[68] 祝智庭，孙妍妍 . 创客教育：信息技术使能的创新教育实践场 [J]. 中国电化教育，2015（1）：14–21.

[69] 白浩，席春荣，周青 . 面向学科整合的创客教育实施路径探索 [J]. 中学物理教学参考，2016，45（21）：2–5.

[70] 申静洁，赵呈领 . 创客教育融入学科课程：一种实践路径的设计研究 [J]. 中国电化教育，2019（3）：22–31.

图书在版编目（CIP）数据

中小学创客教育课程特色开发研究 / 黄映玲，黄丹，谢泽琛著. -- 湘潭 : 湘潭大学出版社，2023.12
ISBN 978-7-5687-1378-8

Ⅰ. ①中… Ⅱ. ①黄… ②黄… ③谢… Ⅲ. ①中小学—创造教育—课程设计—教学研究 Ⅳ. ①G632.0

中国国家版本馆 CIP 数据核字（2024）第 042437 号

中小学创客教育课程特色开发研究

ZHONGXIAOXUE CHUANGKE JIAOYU KECHENG TESE KAIFA YANJIU

黄映玲 黄丹 谢泽琛 著

策划编辑：丁立松
责任编辑：唐小薇 郑子豪
封面设计：文海宏远
出版发行：湘潭大学出版社
社　　址：湖南省湘潭大学工程训练大楼
电　　话：0731-58298960 0731-58298966（传真）
邮　　编：411105
网　　址：http://press.xtu.edu.cn/
印　　刷：长沙创峰印务有限公司
经　　销：湖南省新华书店
开　　本：787 mm×1092 mm 1/16
印　　张：11.5
字　　数：236 千字
版　　次：2023 年 12 月第 1 版
印　　次：2023 年 12 月第 1 次印刷
书　　号：ISBN 978-7-5687-1378-8
定　　价：49.80 元